Enrique Pezzoni, lector de Borges

Lecciones de literatura

1984-1988

Diseño de tapa: María L. de Chimondeguy / Isabel Rodrigué

Enrique Pezzoni, lector de Borges

Lecciones de literatura
1984-1988

Compilado y prologado por:
ANNICK LOUIS

EDITORIAL SUDAMERICANA
BUENOS AIRES

IMPRESO EN LA ARGENTINA

Queda hecho el depósito
que previene la ley 11.723.

Humberto Iº 531, Buenos Aires.

ISBN 950-07-1623-2

AGRADECIMIENTOS

A Elena Pezzoni por haber permitido esta edición, por su entusiasmo y aprobación.

A Gonzalo Moisés Aguilar, Alberto Giordano, Claudio Canaparo, Juan Jacinto Muñoz Rengel y Julia Romero, que me permitieron completar el material y conseguir parte de la bibliografía y las referencias necesarias.

A Jorge Panesi, por todo: por lo que me enseñó, y por lo que me falta aprender en lo que me enseñó.

NOTA ACLARATORIA

Las citas de Borges reenvían, salvo indicación contraria, a la siguiente edición:

Borges, Jorge Luis: *Obras completas*. Edición dirigida y realizada por Carlos V. Frías. 3 tomos. Buenos Aires, Emecé, 1990 [OC].

La tarea literaria: entre libertad y sujeción

La formación de Enrique Pezzoni y las diferentes tareas literarias que frecuentó permiten comprender, al menos en parte, su concepción de la crítica literaria.[1] En el Instituto Nacional Superior del Profesorado de Buenos Aires, donde estudió, Pezzoni fue alumno de Raimundo Lida y de María Rosa Lida; hacia 1946, gracias a José Bianco, se incorporó al equipo de *Sur* y entre 1968 y 1970 fue jefe de redacción de esta revista. Desde muy joven trabajó como traductor del inglés y del francés; algunas de sus traducciones, como la de *Lolita,* de Nabokov (hecha para la editorial Sur, y publicada bajo el seudónimo de "Enrique Tejedor" en 1959), o *Moby Dick,* de Melville, tienen hoy una fama y una autonomía literaria que pocas veces ha alcanzado esta categoría de textos. Enseñó literatura en el mencionado Instituto y en la Universidad de Buenos Aires, en un primer momento en la cátedra de Ana María Barrenechea; más tarde, en 1984, fue nombrado director de la carrera de Letras de esa universidad y presidió desde entonces su propia cátedra de literatura.[2] Fue también asesor literario de Editorial Sudamericana durante muchos años.

A partir de los años '60, el estructuralismo empezó a

[1] Enrique Pezzoni nació en 1926 y murió en 1989.

[2] En 1984, Pezzoni compartía la cátedra de "Introducción a la literatura C" con Jorge Panesi y María del Carmen Porrúa; a partir de 1985, la cátedra recibió el título de "Teoría y análisis literario, Cátedra C" y sus titulares eran Pezzoni y Panesi. Era una de las cátedras que proponían a los estudiantes una primera aproximación al análisis literario.

marcar y a transformar su modo de pensar la literatura, y su escritura, aunque nunca se perdieron del todo ciertos ademanes de *homme de lettres*;[3] la tensión que resulta en sus trabajos del encuentro entre esta formación original y la tradición crítica que nace con el Formalismo Ruso es uno de los elementos que determina su elegancia: allí donde el aparato teórico se vuelve agobiante, surge el *dandy* con la anécdota, el desvío, el juego de palabras; del mismo modo, aquello que suele terminar en frivolidad es rescatado por la voluntad de sistema. Pezzoni usaba al *homme de lettres* para atacar al teórico, y viceversa.

Si la variedad de las tareas literarias que realizó viene, en parte, de las duras condiciones de trabajo de los críticos en Argentina, para Pezzoni cada una de ellas adquiría el estatuto prestigioso del trabajo crítico. Ninguna era una tarea menor o accidental, no eran solamente formas de ganarse la vida sino aspectos del trabajo literario sobre los que el crítico debe reflexionar, por incómodas que sean su situación personal y sus condiciones laborales. Ensayos, clases, traducciones, compilaciones, selecciones de textos, revistas, prólogos, mesas redondas, artículos de diarios, conversaciones; desde todos estos espacios,

[3] En "EP o el sitio de la literatura", Jorge Panesi recuerda el impacto que había causado en Pezzoni el reconocimiento de este desliz: "En los últimos años le había atacado una duda acerca de su trabajo y de su trayectoria: una reseña de su libro *El texto y sus voces*, que con probidad y sentido de la ética consideraba justa, le había señalado un deslizamiento no resuelto en su crítica, que supuestamente iba desde la visión del típico *homme de lettres* cultivado, hacia los ordenamientos algo recalcitrantes del protocolo académico. Esta indeterminación, que juzgaba casi indecente o amenazante para su identidad de crítico, lo arrojaba al desasosiego y hasta al pesimismo. Creo que no supimos decirle que esa rara tensión, esa aparente vacilación y esas piruetas intelectuales de su escritura eran su sal, su aporte, su mensaje y su vida misma. Que el *homme de lettres* que había en él estaba pendiente, riéndose, de las extravagancias del profesor pedantuelo, así como el profesor cabal que también era, medía las facilidades ornamentales del caballero de las letras y se las reprochaba con irónica pulcritud." Panesi, 1990, pág. 23.

Pezzoni ejercía lo que llamaba "la crítica de profesión".

De esta vasta obra, sólo una parte relativamente poco voluminosa resulta hoy accesible. Es la razón por la que, a la hora de editar las clases de Pezzoni sobre Borges, es casi inevitable apelar a la célebre distinción establecida por éste en "Pierre Ménard, autor del Quijote" entre *obra visible* y *obra subterránea*. Desde 1986, existe una *obra visible* de Enrique Pezzoni, es decir: un libro, *El texto y sus voces*, editado en Buenos Aires, por Sudamericana, en el que Pezzoni reunió parte de su producción ensayística publicada antes en diarios, revistas, antologías o en forma de prólogo. La otra, la *obra subterránea*, tuvo dos soportes diferentes. Por un lado, están los artículos, encuestas y notas publicadas en varios medios, dejadas de lado por Pezzoni en el momento de la publicación del libro; por otro, otra zona, más vasta y menos tangible, la de la oralidad: las clases de literatura, por una parte; los relatos y anécdotas, chistes y juegos de palabras, por otra.

Semejante distinción sólo parece pertinente en relación con la posible circulación de la obra. La zona que ha pasado por un medio editorial, a veces por una selección voluntaria de su autor, adquiere un estatuto particular, aunque más no sea porque se puede acceder a ella fácilmente. En cuanto a las clases, solamente una pequeña parte realizó el pasaje de la forma oral a la escritura: las que dictó en la Universidad de Buenos Aires a partir del retorno a la democracia, entre los años 1984 y 1989, que fueron grabadas y desgrabadas, según una práctica muy porteña, para ser puestas a disposición de los estudiantes que no podían asistir a las clases, o que querían conservar este material para el estudio o la investigación.

Estas clases tienen sin duda un estatuto ambiguo; sin dejar de presentar los varios inconvenientes de la mera transcripción de una oralidad, su circulación en Buenos Aires en el ambiente literario ha llegado a ser importante, aunque no pueda compararse con la de una publicación en forma de libro o revista; ningún estudio sobre Pezzoni puede considerarse completo sin incorporarlas a su *corpus*, ya que para la crítica literaria argentina, esta zona oral de la producción tiene tanta importancia como *El texto y sus voces*. Pero se trata de un fenómeno casi exclusivamente argentino. Y si bien es probable que la investigación literaria nunca pueda prescindir de material cuyo acceso depende de las relaciones personales y de la buena voluntad de los colegas y coleccionistas, también parece natural intentar dar una mayor proyección a un fenómeno local. La *obra secreta* de Pezzoni es resultado de la falta de circulación de lo impreso en diarios, revistas y apuntes universitarios. Esta edición, que propone algunas de sus clases sobre Borges, intenta remediar, siquiera parcialmente, este problema de circulación y de lectura.

La oralidad escrita

En sus muchos años de docente, Pezzoni propuso a sus alumnos objetos de trabajo muy variados: textos literarios, artículos críticos y teóricos de autores argentinos, hispanoamericanos, europeos, norteamericanos. Entre sus constantes, sin duda estuvo siempre Borges. En *El texto y sus voces* tres ensayos traducen este interés: "Aproximación al último libro de Borges", escrito cuando la primera publicación de *Otras inquisiciones*, es decir en 1952; "Borges: la revuelta sigilosa", de 1982; y "*Fervor de Buenos Aires*: autobiografía y autorretrato", de 1985.[4]

La publicación de este libro único de Pezzoni generó en Buenos Aires una serie de comentarios acerca de la relación entre el carácter vasto de la "obra oral" de Pezzoni y la brevedad de su "obra escrita". Que la retórica oral de Pezzoni fuese superior a su escritura, parecía una opinión unánime que no desmerecía ante los ojos de nadie sus escritos; esta oralidad, que se apoyaba en una puesta en escena eficaz y

[4] En 1986, Pezzoni dedicó una serie de clases a *Fervor de Buenos Aires*, en las que retomó algunos aspectos de este artículo escrito en 1985, que no forman parte del material editado.

altamente seductora, provocaba, a la hora de la lectura, una sensación de ausencia, y aun de nostalgia. Ahora, al releer los textos, resulta un tanto escandalosa la decepción que, por estas razones, nos produjo el libro a algunos de sus alumnos; en el texto se reencuentra hoy una parte de lo que nos daban las clases, pero en aquel entonces, la presencia oral de Pezzoni era tal, que la escritura desnuda nos escamoteaba algo.

Es evidente que, tácitamente, sus alumnos, colegas y amigos —su *público*— reconocíamos en estas clases características propias: una especificidad de la oralidad de Pezzoni que esta edición debería permitir apreciar. Aunque a veces se tradujera en comparaciones poco felices, esta diferencia entre su discurso oral y sus escritos era reconocida por todos, a pesar de que no llegáramos a percibir la especificidad de cada práctica; en Pezzoni, la oralidad es la tierra de la libertad y la escritura era el territorio de la contención. Sus clases son sistemas no menos rigurosos que sus textos, pero trabajan de otra manera con la situación y el contexto en que se despliegan.

Tal vez el acierto de toda clase, charla o conferencia dependa de cuánto y de qué modo el auditorio modela el discurso; no se trata realmente de una cuestión de adaptabilidad a un público sino más bien de proponer una estrategia eficaz de incorporación del oyente. Reenviar a un terreno compartido en los momentos en que el hablante más se aparta de lo conocido, acertar a recordar lo ya aceptado en el momento indicado, ejemplificar sin extenderse demasiado ni demasiado poco, reencauzar los desvíos, volver sin cortes abruptos de un recorrido largo y arriesgado, proporcionar a los estudiantes los elementos necesarios para que participen de la diversión. Cuando se enseña literatura, no hay que empeñarse en divertirse solo, sino construir la incorporación, siempre crítica, de los oyentes.

Por estos motivos, se han conservado en esta edición la estructura y las características específicas del discurso oral;

no sólo en lo que respecta a la organización y el registro lingüístico, sino también en cuanto a las particularidades del uso pedagógico del discurso: las presentaciones de los temas a desarrollar, los momentos de recapitulación al comenzar una nueva clase, las referencias a otros autores y unidades del programa de cada año, las "muletillas", las interpelaciones a los oyentes. Para el lector esta oralidad puede resultar difícil por momentos, especialmente si se trata de un primer encuentro con el discurso de Pezzoni; sin embargo, es evidente que estas estrategias determinadas por el contexto de producción del discurso responden a una lógica rigurosa y eficaz que excluye una fragmentación o una reacomodación del texto.

Pero las clases no se presentan aquí en orden cronológico. Es inevitable que la organización proponga ya una lectura del objeto y del lector al que se dirige; el armado responde en este caso a una lógica interna del material, pero también intenta acomodarlo a un lector que no conozca el habla de Pezzoni. Para facilitar esta incorporación, se han señalado las interrupciones y pasajes de una clase a otra y se proponen cierto número de notas al pie que permiten contextualizar el discurso, proporcionando información acerca de las versiones, autores y bibliografía citados por Pezzoni.

Si los tres conjuntos de clases intentan aprehender las características específicas de la escritura borgiana, el primero, "El sujeto Borges o la exhibición desaforada", que corresponde a las clases dictadas en mayo y junio de 1988, presenta un recorrido totalizador; a partir del cuento "Tema del traidor y del héroe", Pezzoni propone una lectura de los principios que rigen la escritura de Borges, que abarca su producción poética, ensayística y narrativa. En este sentido, esta serie de clases intenta dar cuenta de la totalidad de la obra, describir lo que aparece como una maquinaria compleja en su funcionamiento mismo, tratando de no aislar sus distintos aspectos; es evidente que para Pezzoni el centro del análisis es la *articulación* de las diferentes facetas de la obra borgiana y los efectos, a veces desasosegantes, que produce en el lector. De algún modo, estas clases constituyen un testamento; y la ansiedad evidente por brindar una lectura sistemática y totalizadora de Borges puede leerse como el gesto de quien se sabe enfermo, alguien para quien se ha perdido la posibilidad de llevar las hipótesis a la escritura.

A lo largo de este recorrido, Pezzoni trabaja una serie de problemáticas que no hace sino resumir rápidamente, por haberlas desarrollado en clases dictadas en los años anteriores;[5] las retoma rápidamente para explicitar el lugar y la función que tienen en el sistema borgiano, así como las relaciones que mantienen con otras problemáticas. En los otros dos conjuntos de clases editados aquí, Pezzoni desarrolla dos de estas zonas presentadas, aunque de modo lateral, en "El sujeto Borges o la exhibición desaforada". Tanto en "El espacio de la cita" como "El tercer duelo", el discurso parece adecuarse más a lo académico, evitando digresiones y restringiéndose a un aspecto particular de los textos de Borges elegidos para trabajar con los alumnos.

Así, "El espacio de la cita", el segundo grupo, está formado por las clases dedicadas a "El inmortal" en noviembre de 1984, en que Pezzoni propone una lectura del cuento en relación con dos unidades teóricas del curso: la que había dedicado a la literatura fantástica[6] y la que consagró al concepto de "cronotopo" en Bajtín. Además de analizar la noción y el uso de la cita en Borges, Pezzoni explora su concepción del género fantástico.

El tercer momento lo constituye el conjunto "El tercer duelo", clases dictadas en junio y julio de 1984, en que Pezzoni

[5] También pasa revista rápidamente a sus hipótesis sobre la poesía de Borges de los años '20 tal como las expone en "*Fervor de Buenos Aires*: autobiografía y autorretrato", Pezzoni, 1986, págs. 67–96.

[6] Esta unidad comprendía una historia del nacimiento de la literatura fantástica, así como una presentación de las concepciones de Tzvetan Todorov, Irène Bessières y Ana María Barrenechea.

formuló una lectura de "Emma Zunz" en relación con el relato policial, otro tema brevemente desarrollado en el primer grupo editado. A la vez, este curso tenía como objetivo estudiar las relaciones entre narrador y lector, que aparecen en Borges como relaciones de tensión, poder y burla.

Como el material editado estaba originalmente destinado a un público que se renovaba cada año, presenta ciertas, aunque discretas, repeticiones que pueden resultar molestas en una lectura continua; un caso particular es la presentación de las leyes del relato policial según Borges tal como aparecen en el artículo "Los laberintos policiales y Chesterton", que se encuentra tanto en "El sujeto Borges o la exhibición desaforada" como en "El tercer duelo: narrador versus lector". Si al hacer una edición pueden suprimirse ciertos elementos, se ha preferido conservar algunas repeticiones, como ésta, por razones que no pueden escapar a un lector minucioso: los diferentes usos de una misma cita que hace Pezzoni, en función de textos y de problemáticas distintas; un uso aprendido (al menos en parte) en la obra de Borges. En este sentido, las repeticiones deben entenderse también en relación con una lectura de la historia de la obra; Pezzoni fue uno de los primeros en reconocer la necesidad de una historización de la producción de Borges, en estudiar los procedimientos a los que el escritor sometió a sus propios textos, y en señalar la función y la importancia del reciclaje en su obra. Pudo, además, tal como puede verse en "El sujeto Borges o la exhibición desaforada" cuando señala que Borges a veces ha "estropeado" sus poemas, tomarse la libertad de contradecir los argumentos propuestos por Borges para justificar sus correcciones.

A modo de apéndice o de complemento de las clases, editamos bajo el título de "Borges visita a Pezzoni", la transcripción de la charla a que dio lugar la presencia de Borges en la Facultad de Filosofía y Letras de la Universidad de Buenos Aires, cuando fue invitado por Pezzoni en 1984, en el marco de su cátedra. Además de los estudiantes de la cátedra acudieron los de otras cátedras, alumnos de otras disciplinas, así como parientes, amigos y demás personas que se habían enterado del evento. Pezzoni, que conocía las costumbres de Borges, había recomendado a sus estudiantes que pensaran y anotaran sus preguntas, ya que el escritor era entonces poco amigo de las conferencias. En los primeros minutos de este encuentro, puede percibirse la complicidad intelectual que existía entre Borges y Pezzoni. Tal como lo señala Sergio Chejfec en "Recordación",[7] la literatura de Borges estuvo casi totalmente ausente en las preguntas, a pesar de que los análisis propuestos en las clases estaban centrados en el texto. Creo que este evento estimuló en Pezzoni la reflexión sobre la articulación entre el "sujeto real", el hombre llamado Jorge Luis Borges, y el "sujeto textual" en su literatura, reflexión que desarrolló más tarde, en 1988, ante sus alumnos, en las clases editadas bajo el título de "El sujeto Borges: la exhibición desaforada".

Sobre la presente edición

Las clases que presentamos en esta edición parecen haber sido experiencias muy distintas para Pezzoni. En las del primer año en que Pezzoni volvió a enseñar en la Universidad de Buenos Aires (las reunidas bajo el título de "El espacio de la cita" y "El tercer duelo"), puede percibirse en el hablante una ansiedad particular; lo único salvador a la hora de enseñar es el desconocimiento total —o mejor dicho: fatal, inevitable— del público que escucha en un aula, acompañado de la curiosidad por penetrar esa marea abstracta que son los estudiantes. Había en Pezzoni esa preocupación

[7] Chejfec, 1987, pág. 51.

por la recepción de las clases; preguntaba si entendíamos, aunque la pregunta sonara más bien a: *¿qué entienden?* Se había ido resignando a contar libros como *Adán Buenosayres*, al descubrir que en las jóvenes generaciones no era tan frecuente su lectura, por lo menos no en el primer año de la carrera. Había ese entusiasmo un tanto febril del cambio, que transformó la entrada a la universidad en una aventura que duraría un par de años.

En 1988, año en que fueron dictadas las clases reunidas bajo el título "El sujeto Borges o la exhibición desaforada", las cosas habían cambiado sustancialmente. Se sabía enfermo, muchos estudiantes y colegas lo sabían también, y a sus siempre presentes preocupaciones literarias se sumaba la inquietud de reconocer la propia obra: en los pasillos de la facultad Pezzoni preguntaba a los estudiantes si habíamos leído a Balzac o a Dostoievski —o a algún otro escritor, de los habitualmente llamados "clásicos". Decía, escandalizado, que habían creado monstruos; que los estudiantes leían a Bajtín sin conocer a Dostoievski o Rabelais; a Benjamin sin haber pasado por Baudelaire, y así sucesivamente. Aquello que había hecho la originalidad, la novedad de la cátedra de Pezzoni y Panesi en 1984, es decir la reflexión sistemática sobre textos críticos y teóricos, se le aparecía en ese momento como un vicio; pero también lo podía entender como una característica del campo intelectual argentino y analizarlo.

Creo que en cuanto a la responsabilidad que podía tener en este fenómeno debimos haberlo tranquilizado; de hecho, recuerdo hasta qué punto para Jorge Panesi era uno de esos casos de *Much ado about nothing*. Pezzoni decía: "hemos creado monstruos de la teoría", y se reía, aunque haciendo grandes ademanes. Si culpa hubiera, sería (no me cabe duda) la de haber enfrentado, leído la escritura crítica con tanta pasión y tanto rigor como la literatura, transformando la teoría en un objeto al que uno puede aproximarse como a un relato. Pero convengamos que los vaivenes de las modas intelectuales en Buenos Aires contribuyeron a desplazar el objeto de estudio de la producción literaria a la crítica y la teoría. No era esta tendencia lo que escandalizaba a Pezzoni, sino el desinterés, la indiferencia hacia la literatura que percibía, y que le resultaba sorprendente, e incomprensible.

Como para seguir con la crónica: Pezzoni murió el 31 de octubre de 1989. En 1991, fuera de Argentina, emprendí la redacción de una tesis; diversos avatares fueron determinando que su objeto fuera Borges. Durante años, leí casi exclusivamente bibliografía sobre su obra; también releí las clases de Pezzoni, pero paradójicamente recién cuando el trabajo estaba bastante avanzado. Aunque recordaba cuán deslumbrantes eran, la calidad de sus trabajos me volvió a sorprender, así como el carácter casi secreto que tenían. Dentro del horizonte de la crítica borgiana, las lecturas de Pezzoni no tienen el lugar que merecen. Esta evidencia se me impuso, y, probablemente por no formar ya parte del medio intelectual argentino, percibí la falta de un lugar seguro y merecido como una injusticia; desde entonces fantaseé con una edición que permitiera encontrar y reencontrar el placer intelectual que Pezzoni procuraba a sus oyentes, o al menos una parte de él. Habría que agregar que si la lectura crítica de Pezzoni no tiene el lugar que su calidad le otorga tácitamente, es por cuestiones de orden editorial y/o formal: debido a su medio de publicación, por no haber llegado al artículo, a causa de la posición del campo intelectual argentino respecto de otros, por dificultades personales para escribir, por las jerarquías implícitas en el modo de difusión de la obra crítica, y algunas razones más.

En Argentina, sin embargo, el reconocimiento, los homenajes, los trabajos sobre la obra de Pezzoni se van multiplicando, como si la impronta que dejó en el campo intelectual se volviera cada vez más evidente. He padecido un fenómeno similar: descubrirme, con sorpresa, años después mucho más marcada por las lecturas de Pezzoni y Panesi de lo que podía sospechar al emprender mi trabajo de investigación. Son marcas que se amplifican con el tiempo. Aunque creía tener un recuerdo exacto de ellas, no recordaba lo que más tenía que ver conmigo: creía tenerlas muy presentes, y no sabía cuán presentes estaban en mi trabajo.

La obra de Borges: la tarea del reconocimiento

Cabe agregar que el reconocimiento creciente de la obra no escrita de Pezzoni no puede sino ser un augurio de nuevas posibilidades de pensar la "obra crítica", ya que en este sentido su producción presenta la posibilidad de cuestionar tanto el estatuto tradicional de la obra crítica como el de la obra literaria. El sujeto crítico aparece como un ejemplo de equilibrio entre libertad y sujeción; descreyendo —y mejor: burlándose— de las jerarquías institucionales para poner en primer plano la busca desesperada y lúdica de zonas de producción de discurso que fascinen al que escucha o lee, y produzcan placer en quien las explora. En este sentido, en la oralidad de Pezzoni es donde más evidente se hace la huella de Borges, sin su sombra: Pezzoni fue uno de los pocos verdaderos discípulos de Borges —como crítico y como traductor. Si esta edición pone en evidencia hasta qué punto su concepción de la literatura estaba marcada por la literatura de Borges —una marca que, sin duda, Pezzoni se encarga de exhibir—, los breves comentarios que hace sobre la traducción en "El sujeto Borges o la exhibición desaforada" permiten comprender hasta qué punto su visión de esta tarea coincide con la expuesta por Borges en textos como "Las versiones homéricas"[8] y "Los traductores de las 1001 noches".[9]

[8] *Discusión*, OC1: págs. 239–243.

[9] *Historia de la Eternidad*, OC1: págs. 397–413.

Tanto en la práctica como en la teoría, Pezzoni heredó las posiciones extremistas de Borges, tal como puede verse en textos como "Sobre la traducción":[10] la traducción literaria aparece como una tarea que no puede sino ser creativa, como un espacio de inscripción del traductor, como un equilibrio entre libertad y sujeción. En otras palabras: como una forma de la crítica literaria.

En "EP o el sitio de la literatura", Panesi describe las actitudes de Pezzoni frente a la actividad de la traducción: "Paradójicamente (para mí), de todas las actividades literarias, la única que no lograba enloquecerlo o angustiarlo era la traducción. Enrique, que se divertía con todo, con todos y *a costa* de todos, se reía con mayor estruendo de la ineludible comicidad con que las malas traducciones nos regocijan. Coleccionaba esas perlas garrafales y las convertía en anécdotas..."; "propugnaba comenzar sus clases de traducción contando sus propios deslices...". Algunas de las frases que Panesi recuerda son casi citas literales de Borges: "Todo es traducible —decía— incluso la poesía"; "para el traductor es imposible no equivocarse —decía"; "Enrique creía que para traducir era condición necesaria ser un amoroso y prolijo lector." Y agrega: "No comprendí lo que tal vez sea la gloria secreta del traductor: multiplicar los efectos de hallazgo, de felicidad individual, compartiéndolos con el otro, con todos los otros posibles que hablan una lengua". También para Borges, la traducción es una multiplicación de textos mediante la cual los traductores enriquecen la literatura, y proporcionan nuevos placeres al lector.[11]

Este reconocimiento, esta continuidad entre la obra de Borges y la tarea crítica, en sus diversas facetas, tal como la

[10] Pezzoni, 1975/1991.

[11] En relación con la teoría de la traducción en Borges, ver: Panesi, 1991, 1994; Louis, 1997, cap. IV, págs. 293–364.

concibe Pezzoni, se vuelve evidente también en su concepción de la didáctica.

El discurso se organiza aquí en función de un recorrido que parte de una descripción, de un acercamiento a veces narrativo del texto, para ir fragmentándolo; los fragmentos reenvían a otros textos, a otros fragmentos, hasta constituir un modelo de lectura de un sistema: en el punto final, hay ante los ojos del estudiante una maquinaria en funcionamiento. El discurso de Pezzoni es meandroso, pero nunca de modo gratuito; la referencia oblicua que parece un detalle al servicio de una reflexión "principal" se transforma momentáneamente en el objeto central de un nuevo recorrido, que permite pensar otros aspectos de la obra literaria.

La pedagogía es un discurso *al servicio de*: del aprendizaje, del encuentro, del conocimiento, de otro. Pero existe también en esta tarea otra dimensión: la exploración preparada y puesta en escena para otros no deja nunca de conformar, al mismo tiempo y en todo momento, un espacio de búsqueda personal. Las clases editadas presentan momentos en que Pezzoni utiliza la forma interrogativa como un recurso retórico, para facilitar y despertar el acceso de los estudiantes; pero hay otros momentos en que, sin necesidad de recurrir a la interrogación, puede percibirse el modo en que el crítico interroga al texto, y a su propio discurso. Y tal vez por eso, quien escribe y preparó esta edición no lo ha hecho desde una relación privilegiada con Enrique Pezzoni, sino desde el espacio que su discurso abría al porvenir, en los anónimos alumnos.

Esta doble (o múltiple) funcionalidad del discurso, que determina en éste una tensión constante y requiere una habilidad particular, define la pedagogía en Pezzoni así como la pedagogía que Pezzoni percibe en la obra de Borges. La oscilación permanente entre estas dos tendencias es, de algún modo, lo que como crítico reconoce en Borges. Si Pezzoni en "*Fervor de Buenos Aires*: autobiografía y autorretrato" lee la poesía de Borges de los años '20 en función de la relación entre autobiografía y autorretrato, es evidente que esta tensión organiza también su propio discurso crítico. Entre el relato de la propia vida y el trazado de los rasgos en un presente determinado se constituye un "sujeto maula": el crítico que rinde homenaje a su objeto de reflexión, sin dejar de mantener una distancia burlona, subversiva y creativa respecto de éste y del propio discurso.

ANNICK LOUIS

BIBLIOGRAFÍA

Borges, Jorge Luis: "Las versiones homéricas", *Discusión*. Bs. As.: Emecé, 1990, Tomo I.

—: "Los traductores de las 1001 noches", *Historia de la Eternidad*. Bs. As.: Emecé, 1990, Tomo I.

Chejfec, Sergio: "Recordación", *Espacios de crítica y producción*, 6, octubre-noviembre de 1987, págs. 49-51.

Chitarroni, Luis: "*El texto y sus voces*, de Enrique Pezzoni", *Vuelta*, 3, octubre de 1986, págs. 46-47.

—: "Enrique Pezzoni: Golpes en la vida", *Clarín/Cultura y Nación*, jueves 9 de noviembre de 1989, pág. 8.

—: *Siluetas*. Bs. As.: Juan Genovese Editor/Colección Biografía y ensayo, 1992.

Estrín, Laura: "Enrique Pezzoni y la tenue generosidad de la lectura", Mimeo, 1997.

Link, Daniel: "Santoral", *Radar Libros, Página/12*, domingo 18 de octubre de 1998.

Louis, Annick: *Jorge Luis Borges: œuvre et manœuvres*. París: L'Harmattan, 1997.

—: "Erratas y variantes en dos textos de Borges sobre el policial", Mimeo, 1998.

Martini Real, J. C. (comp.): "Dossier: Enrique Pezzoni: al pie de la letra", *Babel*, año IV, número 22, marzo de 1991, págs. 21-31.

Contiene: Alberto Girri: "Tributo a E. P."; Jorge Panesi: "E. P. o el sitio de la literatura"; Josefina Ludmer: "E. P.: El texto y sus voces"; Luis Guzmán: "E. P.: la revuelta sigilosa"; Ana María Barrenechea: "E. P.: Escritura y voz"; Daniel Link: "E. P.: el intelectual, el maestro"; Tamara Kamenszain: "E. P.: la lírica y sus voces"; Silvia Molloy: "E. P.: 1926-1989";

"E. P.: Crítica de la crítica", Entrevista a Enrique Pezzoni, editada por el C.E.A.L.; "E. P.: Cómo leer a César Vallejo" (fragmentos de clases inéditas); E. P.: "Lolita" (fragmento de la traducción de E. P.); E. P.: "Sobre la traducción"; William Shakespeare: "Soneto 94", traducción de Enrique Pezzoni.

Monteleone, Jorge: "Enrique Pezzoni: sigilio y espectáculo", *Filología*, XXIX, 1-2, 1996, págs. 157-162.

Pezzoni, Enrique: *El texto y sus voces*, Bs. As.: Sudamericana, 1986.

—: "Enrique Anderson Imbert: *Ensayos* (Edición del autor, Tucumán, 1946)", *Sur*, 163 (sept.-oct. 1948), págs. 87-90.

—: "*Poemas de John Donne*, versiones de William Shand y Alberto Girri (Botella al mar, Bs. As., 1953)", *Sur*, 226 (feb. 1954), págs. 88-90.

—: "Cinematógrafo: Dos películas sobre dos novelas", *Sur*, 236 (sept.-oct. 1955), págs. 117-119.

—: "El cien al día", *Sur*, 239 (marzo-abril 1959), págs. 144-146.

—: "Cinematógrafo: Las puertas del infierno", *Sur* 246 (mayo-junio 1957), págs. 78-80.

—: "Espectáculos: El globo rojo", *Sur*, 242 (sept.-oct. 1956), págs. 90-93.

—: "Francisco Ayala: La novela de la responsabilidad", *Sur*, 284 (sept.-oct. 1963), págs. 88-93.

—: "Poesía nueva", *Sur*, 294 (mayo-junio 1965), págs. 121-125.

—: "Borges o la contradicción", *Clarín/Cultura y Nación*, 15 de septiembre de 1988, págs. 1-3.

Panesi, Jorge: "La traducción en Argentina", *Voces*, número 3, agosto de 1994.

Sarlo, Beatriz: "Las conversiones, el contagio", *Página/12/Cultura*, miércoles 1º de noviembre de 1989, pág. 20.

Warley, Jorge: "El texto sin sus voces", *Página/12/Cultura*, miércoles 1º de noviembre de 1989, pág. 20.

El sujeto Borges o la exhibición desaforada

Teoría y análisis literario. Cátedra "C"
Clase 13 (31 de mayo de 1988)

Vamos a intentar una lectura del relato de Borges "Tema del traidor y del héroe"[12] precisamente enlazando con mucho de lo que han venido oyendo en estas clases sobre el Formalismo Ruso.

¿En qué sentido? Si algo es "Tema del traidor y del héroe", es una exhibición desaforada de la literatura como procedimiento. Es decir: ¿qué es "Tema del traidor y del héroe" sino un desarrollo en forma de relato de los procedimientos narrativos de una historia que, en realidad, no está narrada sino que está exhibida como una posibilidad narrativa? El relato, en ese sentido, es la presentación de la inminencia de una narración posible que, como tal, no se produce. ¿Qué exhibe "Tema del traidor y del héroe"? Exhibe, de una manera apasionante y con la suma de interés que producen los episodios de un relato, la concatenación posible de episodios que conformarían ese relato posible. Un relato que es una pura inminencia pero no realizada.

Ahora bien: ¿qué es esto? ¿Es parte del narrador de "Tema del traidor y del héroe" una exhibición de maestría y, en un sentido escuetamente, estrechamente formalista es un recuento de posibilidades narrativas? O bien hay [gratuidad] en esta exhibición de los procedimientos que en sí conforman, adquieren una estructura de relato; o es una visión del procedimiento en la literatura que de alguna manera es ideo-

[12] Primera edición: *Sur*, número 112, Bs. As., 02/1944, págs. 23-26; en volumen, en *Ficciones*, a partir de la primera edición: Bs. As.: Sur, 1944.

lógica, puesto que atribuye una determinada función a los procedimientos, que problematiza el hecho de cómo transcribir un hecho real o ficticio. Es decir, problematiza los mecanismos para transmitir un suceder real o ficticio, y cómo los procedimientos influyen decisivamente, e ideológicamente, sobre la visión del hecho real o ficticio transmitido.

Creo que todo lo que tiene de formalista la noción de procedimiento en este texto se duplica aquí con una dimensión que no aparece en el Formalismo: es el procedimiento como transmisor de una determinada visión del mundo y de una concepción del hecho de transmitir esa visión del mundo. Como si el relato dramatizara no solamente la imagen del procedimiento como transmisor de un suceder, sino las vinculaciones posibles de dos tipos de formas del suceder: *el suceder histórico*, es decir el suceder que presume de ser registro documental de hechos ocurridos en lo que llamamos la realidad, y *el suceder ficticio*, es decir una selección de hechos concatenados de una manera especial y que le es propia. Ese enfrentamiento entre suceder histórico y suceder ficticio, aquí, a raíz de la exhibición de los procedimientos altera las relaciones convencionalmente aceptadas e institucionalizadas entre *suceder histórico*, registrado en el documento, y *suceder ficticio* creado, inventado, compaginado por ese espacio discursivo que es el espacio de la literatura. En definitiva, lo que se problematiza son las relaciones entre historia y literatura.

Antes de entrar en el texto, veamos un poco dónde se sitúa este texto dentro de la producción de Borges.

I

Ustedes saben que Borges empieza su producción con un libro de poemas, *Fervor de Buenos Aires*, al cual seguirán dos libros de poemas, *Luna de enfrente* y *Cuaderno San Martín*. Después reunirá, en 1944, los poemas que componen estos tres libros que son *Fervor* de 1923, *Luna de enfrente* de 1925 y *Cuaderno San Martín* de 1929, con otros poemas escritos en el lapso entre 1922 y 1943; ese tomo *Poemas*, editado por la Editorial Losada en 1944, recoge los tres primeros libros y suma otra serie de poemas. Ahí tenemos un interesante trabajo que todavía está por hacerse que es la constante relectura y corrección que Borges ha hecho hasta el final de sus propios textos: Revisar, la revisión permanente a la que Borges *somete* sus textos... e insisto en la palabra *somete* porque esos textos de alguna manera están continuamente violentados por ese lector que es Borges; revisar, esa revisión continua de los textos de Borges, es un trabajo que no se ha hecho sistemáticamente todavía sino aisladamente, en algunos estudios parciales, y que muestra (y es muy interesante) un debate ideológico continuo entre esa pluralidad de sujetos que conforman *el sujeto textual* llamado Borges. E insisto en *sujeto textual* porque, como veremos luego —al final de estas clases—, durante toda una época la crítica literaria, intentando hacer lecturas ideológicas de Borges, generalmente estableció una simplista confrontación entre el *sujeto empírico* llamado Jorge Luis Borges y sus ideas violentamente reaccionarias, su jactancia respecto de esas ideas reaccionarias, y el sujeto surgido de los textos muchas veces no coincidente con ese sujeto. Un sujeto *—el sujeto textual Borges—* que es, como trataremos de ver, un sujeto esencialmente subversivo de las formas institucionalizadas; de las formas literarias institucionalizadas y también de las formas de pensamiento expresadas o transmitidas a través de otros tipos de discursos: el discurso filosófico, el discurso científico, por ejemplo. Es decir que ese tipo de crítica realizó una operación inversa a la que se produciría cuando se parte de los textos, se estudian los textos, se ve el tipo de sujeto que proponen los textos y, en todo caso, en una segunda instancia, se trata de ver qué tipo de correlación o no correlación existe entre ese sujeto textual y el sujeto exterior a los textos, el señor Jorge Luis Borges.

Realmente cierto tipo de crítica —no toda, desde luego— hizo la operación contraria: analizó los discursos proferidos por el sujeto empírico Borges y trató de aplicarlos mecánicamente a los textos de Borges: acusaciones de extranjerización, por un lado; por el otro lado, la famosa frialdad de Borges, el famoso desapego respecto de las formas vivientes de conducta, de comportamiento, etc. Si nosotros examinamos esas revisiones continuas de los textos de Borges, vamos a ver que el sujeto textual Borges está hecho sobre todo de discusión consigo mismo, de debate consigo mismo. De agresividad ideológica consigo mismo, agresividad ideológica que puede llegar en un momento dado a la autoparodia.

Ya vamos a ver —como lo han estado viendo a propósito de algunas observaciones que ha hecho Jorge Panesi sobre el Formalismo Ruso y lo veremos después, sobre todo cuando estudiemos las propuestas de Bajtín— que todo texto paródico respecto de otro texto está cargado de agresividad ideológica, es decir ataca los presupuestos ideológicos de ese texto al cual está parodiando; de allí que la imitación esté en las antípodas de la parodia, la imitación reproduce estrategias textuales. La estilización reproduce, adorna, estrategias textuales; la parodia las reproduce para atacarlas, para socavarlas ideológicamente en lo que esas formas textuales tienen de carga ideológica.

En esas revisiones continuas de sus textos Borges puede llegar de pronto a la autoparodia, es decir, revelando una beligerancia respecto de las propuestas ideológicas que aparecen en otros textos suyos. Fíjense, por ejemplo, la distancia que marca un libro como *El informe de Brodie*,[13] donde una serie de relatos retoman temas y estructuras de libros anteriores y los importan de tal manera que el lector tiene la impresión de que Borges se está parodiando a sí mismo, con lo cual está cargando ideológicamente contra el sujeto textual Borges de los primeros textos. Por ejemplo, cuando retoma "Hombre de la es-

[13] Primera edición: Bs. As.: Emecé, 1970.

quina rosada" y narra desde otra perspectiva ese texto.[14]

En los poemas, sobre todo, Borges trabaja continuamente con revisiones que van limando los textos —y a veces estropeando los textos, diría... Es decir: ese Borges de los primeros textos que parece obedecer a una intención estética de la sorpresa continua, la sorpresa en la adjetivación, la adjetivación agresiva, la adjetivación "no-normal", usando la palabra "normal" en el sentido en que la usaban los formalistas rusos y la usará después Mukarovsky: normal en el sentido de forma institucionalizada por ciertas actitudes, tradiciones y aun géneros literarios. Ese primer Borges que está violentando continuamente normas y sorprendiendo por la ruptura y violación de las normas, va cediendo paso a otro hombre que borra toda sorpresa y tiende a diluir, de los textos anteriores y en los que va produciendo paulatinamente después, formas "más clásicas", es decir, más imperceptibles como tales.

Borges empieza publicando un libro de poemas, *Fervor de Buenos Aires*, al cual tangencialmente nos iremos refiriendo más adelante; un libro para el cual yo he propuesto alguna vez una teoría, en el sentido de que es un libro que mezcla dos tipos de actitudes respecto de aquello que ha elegido representar, que es la ciudad de Buenos Aires al atardecer, de noche y vacía, sin gente: una ciudad vaciada.[15]

Dos formas. Una es el narrar una experiencia autobiográfica, el regreso a la ciudad de Buenos Aires, [después de] sus primeros años en Europa, el redescubrimiento de Buenos Aires; una experiencia que linda con el documento autobiográfico. Otro tipo de experiencia autobiográfica: su ruptura con ciertas formas poéticas, como es, por ejemplo, el

[14] Se refiere a: "Historia de Rosendo Juárez"; primera publicación: *La Nación*, domingo 9 de noviembre de 1969, 4ª sección, ilustración de Antonio Mazza; en volumen, en: *El informe de Brodie, op. cit.*

[15] Pezzoni desarrolla esta lectura de *Fervor de Buenos Aires*, en: "Fervor de Buenos Aires: autobiografía y autorretrato", en: *El texto y sus voces*, Bs. As.: Sudamericana, 1986.

ultraísmo, es decir una poética a la cual se adscribió Borges, sobre todo en sus años de Europa y de España; y cuando digo "España" es porque el caso español era un caso especial respecto de la totalidad europea.

La segunda experiencia autobiográfica que va narrando Borges en ese libro es su ruptura con el ultraísmo, es decir, no la está contando: la está mostrando en las formas poéticas que está empleando. Repito: su ruptura con el ultraísmo, con lo que llamó después "la secta, la equivocación ultraísta", y la aparición de nuevas formas poéticas.

A esa doble experiencia autobiográfica se suma otro tipo de experiencia: el libro es un autorretrato. ¿En qué sentido es un autorretrato? En el sentido de que el autorretrato en la literatura no propone la narración de un suceder como la autobiografía que es esencialmente narrativa; es el contar un suceder en el cual el narrador está informando acerca de episodios de su vivir. El autorretrato no está en la dimensión narrativa, está en otra dimensión que consiste en producir una imagen de un sujeto que no se explaya en la narración, sino que aparece como un cuadro y una imagen fija, que puede ser cambiante, pero que en cada momento es fija. Borges toma la ciudad de Buenos Aires como una serie de elementos que van a componer su autorretrato, el de un sujeto que está situado entre la auto-afirmación y la auto-negación.

Pregunta: ¿En el caso de Joyce sería lo mismo?

Pezzoni: Claro, ahí tenemos, en el *Retrato de un artista adolescente,* el entrecruzamiento de narración pero sobre todo de la propuesta de autorretrato.

Bien. Borges, entonces, toma determinados elementos de la ciudad que lo autorretratan en cuanto a la posición de un sujeto que se afirma como tal y que se niega como tal, es decir que quiere desaparecer y negarse, y que quiere afirmarse al mismo tiempo. De allí que elija elementos simbólicos de la ciudad que van a ser trasunto de su autorretrato; por ejemplo, no el centro de la ciudad, no el puerto de la ciudad —el centro en el sentido de que es conglomerado de lo diverso, el puerto en el sentido de que es apertura hacia lo otro—, sino el límite, la orilla de la ciudad, el borde, la frontera entre la ciudad y lo que no es ciudad, es decir, la indeterminación entre lo que es y lo que deja de ser. Por otro lado, elige un momento privilegiado: el atardecer, es decir, el momento en que la ciudad no está ni en el día ni en la noche. Está en *otro tipo de frontera*. El sujeto se autorretrata en esas zonas de indeterminación.

Y bien, este primer libro de Borges y los dos que le siguen trabajan al mismo tiempo que sus primeros libros de ensayos, *Inquisiciones*,[16] *El tamaño de mi esperanza*,[17] donde reaparecen en otro tipo de discurso las preocupaciones que están presentes en *Fervor de Buenos Aires*. Tanto en *Inquisiciones* como en *El tamaño de mi esperanza* aparecen reflexiones sobre la personalidad, la existencia o no existencia de la personalidad, la posibilidad de negar la individualidad personal, la negación metafísica de la personalidad, que —insisto— trabajan paralelamente con sus libros de poemas.

II

Borges todavía no escribe relatos. Antes de escribir su primer libro de relatos —un libro de relatos muy peculiar que es *Historia universal de la infamia*,[18] es decir una serie de micro-relatos que declaran continuamente sus fuentes y el trabajo sobre sus fuentes, y que van mostrando diferentes tipos de actitudes impostadas que son como tarjetas postales de diferentes tipos de sujetos—... antes de escribir ese libro Borges insiste en ciertos tipos de ensayos que son los contenidos en *Discusión*,[19] donde vuelven a aparecer esas mis-

[16] *Inquisiciones*, Bs. As.: Proa, 1925.
[17] *El tamaño de mi esperanza*, Bs. As.: Proa, 1926.
[18] *Historia universal de la infamia*, Bs. As.: [Tor], 1935.
[19] *Discusión*, Bs. As.: Gleizer, 1932.

mas preocupaciones sobre el tema de la personalidad, la negación de la personalidad, la negación del tiempo, la negación del espacio, es decir todo un andamiaje metafísico que ya está en *Fervor de Buenos Aires*; y también puestas en práctica, textualizaciones de esas teorías metafísicas acerca de la negación de la sucesión temporal, etc.

En 1928,[20] escribe un libro, una muy peculiar biografía sobre Evaristo Carriego, en la cual Borges lee la poesía de Evaristo Carriego —por el cual en muchas ocasiones manifiesta un indudable desdén, tanto por la poesía como por el hombre Carriego—. Pero lee esa poesía como un antecesor de su propia poesía y de sus propios trabajos con la ciudad de Buenos Aires. Es decir, se inventa un antecesor, deshace la sucesión causal-temporal y busca un antecedente en la lectura de Carriego. Dice Borges que Carriego inventó el arrabal, el arrabal existe porque lo inventó Carriego; de tal manera que el arrabal borgeano fabrica su propia tradición leyendo muy intencionadamente la poesía de Carriego.

Es decir que en sus ensayos y poemas, Borges está trabajando en una misma línea de preocupaciones: relacionadas con problemas de tiempo, problemas de espacio, problemas de la existencia o no, de la personalidad y de la entidad que llamamos individuo, y está trabajando, además, o intentando de alguna manera rebasar la sucesión histórica, es decir destruyendo esa fuerte idea de causalidad que puede imponer el documento histórico según lo cual lo que sucede a algo está motivado por algo. Borges invierte esas relaciones y muestra que una historia puede ser fabricación, creación, por el que la registra como documento. Borges inventa a su predecesor, Evaristo Carriego. Es decir, lo que ha causado a Evaristo Carriego es la lectura que Borges hace de Carriego: lectura en la cual Carriego es declarado antecesor y causalizador de Borges.

[20] *Evaristo Carriego*, Bs. As.: Gleizer, 1930.

III

Como ven ustedes todo este tipo de manejos discursivos que está haciendo Borges —y de los cuales, desde luego, esto no es más que una introducción— y en los que nos vamos a detener, están presentes en "Tema del traidor y del héroe", uno de los textos que parece concentrar este tipo de trabajo textual que está haciendo el sujeto Borges, donde aparecen así —insisto—, como concentrados, esa contraposición entre el documento supuestamente fiel que registra un suceder histórico y el texto, la práctica discursiva que inventa y propone un suceder histórico. Es decir, contraposición entre dos prácticas: la supuesta práctica sumisa del documentador y la práctica activísima, discursiva del que propone, inventa documentos, que es el núcleo —digamos, el corazón— de esa práctica textual exhibida en "Tema del traidor y del héroe".

"Tema del traidor y del héroe" es un cuento publicado en la revista *Sur*, en el número 112,[21] es decir en los primeros números de *Sur*, y después recogido en el primer tomo de relatos, en el verdadero tomo de relatos donde está toda la poética de la narratividad de Borges, que es *Ficciones*, que recoge relatos escritos entre 1935 y 1944. La versión que aparece en *Ficciones* está ya corregida en el sentido de que agrega un párrafo final que es otra vuelta de tuerca a lo que el relato exhibe. ¿En qué sentido es otra vuelta de tuerca? Si el relato contrapone documento y registro de un suceder a invención/fabricación de un suceder, el párrafo final que agrega, insiste sobre eso. La primera versión del relato terminaba en:

"Así fue desplegándose en el tiempo el populoso drama, hasta que el 6 de agosto de 1824, en un palco de funerarias cortinas que prefiguraba el de Lincoln, un balazo anhelado traspasó el pecho del traidor y del héroe, que apenas

[21] *Sur*, número 112, Bs. As., 02/1944, págs. 23-26.

pudo articular, entre dos efusiones de brusca sangre, algunas palabras previstas."

En la versión recogida en *Ficciones*, la otra vuelta de tuerca consiste en este párrafo final:

"En la obra de Nolan, los pasajes imitados de Shakespeare son los *menos* dramáticos; Ryan sospecha que el autor los intercaló para que una persona, en el porvenir, diera con la verdad. Comprende que él también forma parte de la trama de Nolan... Al cabo de tenaces cavilaciones, resuelve silenciar el descubrimiento. Publica un libro dedicado a la gloria del héroe; también eso, tal vez, estaba previsto." (*Ficciones*, OC1: 498)

Fíjense que "en la obra de Nolan" ese historiador encargado, mejor dicho, ese detective encargado de descubrir cuál es el traidor del grupo de los conspiradores, ese detective que no registra el suceder, inventa el suceder, y entrega esa versión del suceder al historiador, al bisnieto del héroe traidor asesinado, Fergus Kilpatrick, que entrega ese documento fabricado al historiador.

Les voy a pedir que en la próxima clase traigan ese otro texto de Borges, vinculado también con "Tema del traidor y del héroe", y que es "La forma de la espada",[22] que pertenece también a *Ficciones*.

[22] Primera edición: *La Nación*, Bs. As.: 2ª sección, 26/07/1942, pág. 1, ilustración de Alejandro Sirio; en volumen, en: *Ficciones*, a partir de la primera edición.

Clase 14 (2 de junio de 1988)

En la clase anterior comenzamos a introducirnos en la lectura de "Tema del traidor y del héroe". Ustedes habrán observado a partir de esa clase que el propósito es ir tendiendo cables respecto del corpus *sujeto Borges*, ese sujeto que vimos como contradictorio, en pugna consigo mismo, empeñado en revisiones constantes de su propia producción y que de alguna manera dramatiza sus preocupaciones constantes en este relato cuya lectura vamos a empezar a abordar.

Recuerden ustedes que les dije, ese relato tiene dos versiones: la primera, aparecida en *Sur*, en el número 112, y que luego aparece recogida en el tomo *Ficciones*, en la página 26 tiene una ligera modificación, que es el añadido del párrafo final, que es otra vuelta de tuerca respecto de las propuestas que hace Borges en ese texto, o que hace el narrador en ese texto. "Tema del traidor y del héroe" responde de alguna manera a ciertas actitudes de ese sujeto textual que es Borges que se reiteran continuamente a lo largo de su producción.

I

Por ejemplo, en *Otras inquisiciones*,[23] en el ensayo "El idioma analítico de John Wilkins",[24] Borges analiza la propuesta de un idioma, de un lenguaje que, a diferencia de los

[23] Bs. As.: Sur, 1952.

[24] Primera edición en: *La Nación*, 2ª sección, 08/02/1942, pág. 1.

lenguajes corrientes, no nombre conceptos de la realidad sino que trate de nombrar la realidad misma, proyecto utópico que aparece una y otra vez en el propio Borges y en autores estudiados por Borges. Es decir, que no nombre conceptos, generalizaciones, abstracciones de la realidad, sino que nombre directamente los objetos absolutamente polifacéticos de la realidad. En ese ensayo en que estudia, repito, la propuesta de John Wilkins acerca de un idioma analítico que esté nombrando las múltiples facetas de los objetos reales, de pronto dice Borges esta frase:

"La imposibilidad de penetrar el esquema divino del universo no puede, sin embargo, disuadirnos de planear esquemas humanos, aunque nos conste que éstos son provisorios." (*Otras inquisiciones*, OC2: 86)

Es decir que la reflexión sobre un lenguaje utópico se desliza hacia la idea de que si lo que llamamos mundo, lo que llamamos realidad, es o un orden secreto, o un caos secreto, la idea de que eso es la realidad y el mundo, no disuade a ciertos sujetos de la empresa de planear esquemas humanos; es decir de crear un orden inventado. Así como hay ciertos intentos de crear lenguajes que sean nuevas formas de nombrar la realidad, de crear órdenes inventados, aunque esos órdenes sean provisorios, lo cual ya es toda una postura del sujeto: frente al mundo, la mejor posibilidad es proponer otras formas de ordenación y de esquemas del mundo.

Fíjense cómo se enlaza esa frase que dicen dos personajes de "La muerte y la brújula": el comisario Treviranus y el detective Erik Lönnrot. Es el detective el que cae en la trampa que le tiende el criminal Red Scharlach, y que consiste en crear un esquema, un micro-esquema del mundo y del universo, para que la inteligencia de Lönnrot le permita seguir ese esquema, ese plan, y caer en la trampa, que es la muerte que lo espera. Cuando se está discutiendo al comienzo el enigma planteado, un asesinato que ocurre en el hotel, el comisario propone una hipótesis; el detective Lönnrot le dice: la hipótesis que usted ha elaborado puede ser cierta, pero no es interesante; usted me dirá que las hipótesis pueden no ser interesantes (estoy glosando el texto, desde luego) y entonces agrega Lönnrot: la realidad puede no ser interesante pero las hipótesis deben ser interesantes. Es decir: los esquemas creados para reordenar el mundo deben ser, de alguna manera, rigurosos e interesantes y responder a un esquema.

Ésta es una preocupación central que reaparece en ensayos, relatos y poemas del propio Borges; piensen, por ejemplo, en ese otro ensayo de *Otras inquisiciones*: "Sobre el *Vathek* de William Beckford".[25] En este ensayo encontramos esta frase:

"Tan compleja es la realidad, tan fragmentaria y tan simplificada la historia, que un observador omnisciente podría redactar un número indefinido, y casi infinito, de biografías de un hombre, que destacan hechos independientes y de las que tendríamos que leer muchas antes de comprender que el protagonista es el mismo." (*Otras inquisiciones*, OC2: 107)

Es decir, ahora, el centro enfocado es la biografía de un hombre; es un hombre que transcurre en la realidad; esa realidad en la que transcurre es un orbe secreto o un caos secreto. La misión del que elabora la biografía es crear una nueva serie reordenando esos fragmentos que componen una biografía. O sea, de un personaje, de un hombre se podrían componer diferentes biografías, reordenando las series de acontecimientos de tal manera que la relectura de esa multitud de biografías al final arrojaría la cuenta de que todas esas biografías dispares son la biografía del mismo sujeto: principio ordenador, de alguna manera, de "Tema del traidor y del héroe", donde se propone una biografía determinada de acuerdo con la elección, fabricación y aun invención de determinados hechos.

Sigue diciendo Borges en "Vathek":

"Simplifiquemos desaforadamente una vida: imagine-

[25] Primera edición: *La Nación*, 2ª sección, 04/04/1943, pág. 1.

mos que la integran trece mil hechos. Una de las hipotéticas biografías registraría la serie 11, 22, 33...; otra, la serie 9, 13, 17, 21...; otra, la serie 3, 12, 21, 30, 39..." (*Otras inquisiciones*, OC2: 107)

Es decir: la labor del que compone esa serie nueva que no coincide con la serie caótica, fragmentaria, indiscernible que es el suceder real, hace una nueva ordenación de acontecimientos que no responden al criterio de la serie real. Entonces, puede proponer, de un mismo suceder, en este caso el suceder que es la biografía de un hombre, una multitud de series paralelas que luego descubriría un lector asiduo: se trata de la biografía de una misma persona. De nuevo, una especie de post-texto de "Tema del traidor y del héroe". Nolan, ¿qué hace? Fabrica una serie que después es entregada a un lector, al bisnieto de Kilpatrick, que descubre cuál es el principio ordenador de esa serie. Quizá, dice el texto, porque en la reordenación de la serie ya estaba previsto el dar datos para que el lector descubriera cuál era el principio ordenador de la serie.

Es muy interesante comparar esta cita con otra cita de Borges, en la cual se refiere a la concepción del mundo y de la realidad de Santo Tomás, glosa a Santo Tomás. Este texto de Borges dice lo siguiente: en el mundo hay encadenamientos de causas y efectos, cada causa es un efecto de la anterior. Fíjense ustedes, en la manera de exponer a Santo Tomás, Borges ya está subvirtiendo, atacando, las taxonomías habituales según las cuales la causa precede al efecto; en su exposición de Santo Tomás, el efecto precede a la causa. ¿Por qué? Porque cada causa es a la vez efecto de una causa anterior, entonces la cuenta se desanda y cada causa es efecto, con lo cual Borges está haciendo una de sus actividades preferidas: atacar el orden causal, que es uno de sus enemigos declarados, ideológicamente declarados, como trataremos de ver más adelante. Y sigue glosando a Santo Tomás: "pero la serie general pudo no haber sido". Es decir: este ordenamiento de causas y efectos que es el mundo, en el cual se descubre que las causas, en realidad, son efectos de causas anteriores, pudo no haber sido, "pues los términos que las forman son condicionales". Es decir que están sujetos al devenir histórico de la concatenación: causa que se vuelve efecto de una causa anterior. Entonces sigue:

"Pero la serie general pudo no haber sido pues los términos que las forman son condicionales, es decir, aleatorios. Sin embargo" —siempre glosando a Santo Tomás— "el mundo es, tiene existencia, pudo no haber sido, pero es. De ello podemos inferir una contingente causa primera, que sería la divinidad."[26]

Es decir, en este desandar el camino, las causas se vuelven efectos de causas anteriores, llegamos a una Primera Causa que —en la visión de Santo Tomás— es la Divinidad. Esa causa no es aleatoria, no es contingente, *ex nihilo* Dios a producido la concatenación de causas-efectos que Borges lee al revés. Esta cita es muy interesante porque también se proyecta sobre "Tema del traidor y del héroe", es decir, como revelación de las preocupaciones del sujeto Borges. ¿En qué sentido? En el sentido de que en "Tema del traidor y del héroe" se describe que hay una suerte de Dios, o alguien que ha resuelto asumir el papel divino, crear una serie de causas y efectos, es Nolan. Kilpatrick encarga a Nolan que descubra cuál es el traidor en esta conspiración que se está desarrollando en Irlanda a mediados del siglo XIX; Nolan, como el detective Treviranus, que es el único que sabe la verdad en "La muerte y la brújula", descubre la verdad: el traidor es Kilpatrick. Entonces, Nolan asume un papel cuasi-divino y

[26] "Avatares de la tortuga", *Discusión*. Borges escribe: "El mundo es un interminable encadenamiento de causas y cada causa es un efecto. Cada estado proviene del anterior y determina el subsiguiente, pero la serie general pudo no haber sido, pues los términos que la forman son condicionales, es decir, aleatorios. Sin embargo, el mundo es; de ello podemos inferir una no contingente causa primera que será la divinidad." (*Discusión*, OC1: 256).

produce una serie de causas y efectos totalmente diferente de la que funciona en la realidad: produce un argumento, produce una trama, usando la palabra "trama" en el doble sentido que tiene en español: "trama" es concatenación, tejido de sucesos y también es conspiración. En medio de la conspiración, Nolan cuasi-divino inventa una nueva conspiración de acontecimientos que ya no responden a la causalidad de la realidad, [sino] que inventan una nueva concatenación. Como dice Borges en el otro ensayo, una nueva serie donde los hechos se eslabonan de otra manera.

Ahora bien, este dios, o seudo-dios, o cuasi-dios, que es Nolan, inventa esta serie de hechos donde traidor y héroe son lo mismo. En una serie, Kilpatrick es el traidor, en otra serie Kilpatrick es el héroe, e impone la serie Kilpatrick héroe, y ésa es la serie que se le va a ofrecer a Ryan, el intérprete, con la presencia taimada de datos para que Ryan sepa la verdad y, a la vez, conspire, prolongue la trama. Ryan no va a denunciar la verdad, continuará conspirando con la serie que ha inventado el seudo-dios Nolan.

Entonces, la serie borgeana, la serie que inventa Borges en sus relatos como la serie de Santo Tomás también puede no haber sido. La diferencia es que, para Santo Tomás, en el universo hay una causa primera no contingente que es la Divinidad. Puede no haber sido, pero es. Y su existencia se explica por esa causa no contingente, no aleatoria, no azarosa, la Divinidad. La serie borgeana es una serie donde alguien asume el papel de una divinidad absolutamente contingente —es una divinidad aleatoria y contingente— que inventa una divinidad absolutamente contingente que inicia una serie que, en efecto, puede no ser y que es absolutamente contingente. Pero ¿qué la arma? El rigor combinatorio. Es decir que cumple el ideal del detective Erik Lönnrot: es una serie interesante, donde la causalidad cronológica que ya había alterado Borges en la lectura de Santo Tomás, la relación causa-efecto, se altera totalmente. Es una serie de un rigor más matemático que causalista, en el sentido psicológico, en el sentido de las motivaciones psicológicas, o cronológico. Borges ha dicho en algún texto que éste es un rigor de ajedrecistas, no de ángeles.[27]

Es decir, este sujeto *"maula"* que es este sujeto Borges, no se ilusiona respecto de los órdenes que inventa y su proyección sobre la realidad. Este problema ideológico, sobre el cual volveremos, y que ha enfurecido durante años a toda una crítica que trata de no sorprenderse ante el hecho de que el *sujeto textual Borges* es tremendamente subversivo, en el sentido de que socava, destruye, ataca, dinamita, los sistemas de pensamiento convencionales; que trata de producir un lector activo que cuestione continuamente los sistemas de pensamiento impuestos, hermenéuticamente explicativos, pero que, de alguna manera, tiene relación con el sujeto empírico Borges, conservador, retrógrado, y que, además, declara que el Presidente Videla es un caballero, y que por fin estamos gobernados por caballeros, que acude alegremente llevado por las alas de la ceguera a Chile a recibir un premio del general Pinochet, y qué sé yo y qué sé cuánto...

Eso ha perturbado —y sobre esto volveremos al final de estas clases— tanto a cierta crítica de izquierda que percibe lo subversivo de los textos de Borges y no puede tolerar ese hecho, que por otro lado es absolutamente innegable, el hecho de que las dictaduras militares aprovechan la presencia de Borges, de alguna manera. Es un hecho muy difícil de compaginar, muy difícil de resolver, extremadamente difícil de resolver que ya lo previó ¿quién?... esa doble entidad llamada Marx-Engels. De alguna manera, Marx y Engels en *La ideología alemana* ya están previniendo contra ese riesgo de confundir sujetos empíricos con sujetos textuales. Es decir, la visión de la *Ideología en la literatura* de Marx es mucho más refinada que los practicantes del marxismo candoroso y mecanicista que ve el puro reflejo mecánico entre estructuras sociales y estructuras literarias. Recuérdenlo ustedes:

[27] "Encantada por su rigor, la humanidad olvida y torna a olvidar que es un rigor de ajedrecistas, no de ángeles." ("Tlön, Uqbar, Orbis Tertius", *Ficciones*, OC1: 443.)

Marx es el primero en asombrarse ante el hecho de que un gran conservador como Balzac pueda producir esa imagen de la sociedad burguesa que es la que dan las novelas de Balzac. Y continuamente se produce siempre ese mismo problema de la superposición que hace que algunos críticos marxistas más refinados prefieran la obra de ciertos autores profundamente retrógrados y conservadores como mentalidad, pero cuya obra produce una dinamitación de los órdenes del pensamiento habitual. Por ejemplo, Auden en Inglaterra, o, por ejemplo, Arlt en la Argentina, que dejó perpleja a mucha crítica de izquierda, esa forma ideológica que es la literatura de Arlt. Está perdido el que va a buscar la ideología de Arlt en los contenidos, porque si toma al pie de la letra los contenidos, ¿qué resulta Arlt? El reaccionario más tremebundo que se pueda pedir. Son las formas y las maneras de presentar los contenidos, es el *cómo*, lo que produce el efecto ideológico en la obra de Arlt.[28]

II

Bien, entonces, decíamos, la serie borgeana: en casi todos los relatos de Borges también puede no haber sido, como la de Santo Tomás, solamente que la de Santo Tomás va a buscar la causa no contingente; el principio ordenador de Borges es absolutamente contingente. Él lo dice: tal serie puede reemplazarse por tal otra serie o por tal otra o por tal otra serie. Son series rigurosas pero contingentes. Es un rigor de ajedrecistas, no de ángeles. Borges no se ilusiona con una causa primera y fundante.

Y bien, entonces, el texto de Borges y la serie de acontecimientos que presenta Borges es siempre injustificada. ¿Por qué? ¿Dónde está instaurada la causalidad instaurada por el

[28] Ver: Enrique Pezzoni: "Memoria, actuación y habla en un texto de Roberto Arlt", en: *El texto y sus voces*, Bs. As.: Sudamericana, 1986, así como en numerosas clases.

texto? ¿Está instaurada por alguna razón exterior al texto? No. Está instaurada por el texto mismo. *El texto instaura siempre su propia causalidad*. Rigor, arbitrariedad, se suman en esa forma de instaurar una nueva serie en las historias y relatos de Borges. Es decir, textos que no se pueden justificar desde afuera. *El texto es un sostén contingente de sí mismo*. El texto es el que justifica con los ordenamientos propuestos esa forma de ordenamiento. El mundo es así porque el texto lo propone así.

De manera tal que esos órdenes propuestos por los textos de Borges son inevitables, puesto que están fijados, rigurosamente fijados, y [son] pasajeros. ¿Por qué? Porque son reemplazables, infinitamente reemplazables. Es decir, es un lugar de reunión, de reordenamiento de elementos, inevitable y pasajero. De manera tal que Borges —ese sujeto textual llamado Borges, estas series de acontecimientos que proponen los relatos— está demostrando, poniendo en práctica, en su práctica significante, una idea que aparece en uno de sus ensayos anteriores, un ensayo de *Discusión*, en el cual dice: "El concepto de *texto definitivo* no corresponde sino a la religión o al cansancio".[29] Es una frase admirable de ese sujeto Borges. Es decir, la producción del sentido es constante, no se detiene nunca, no se congela nunca en un sentido último, no hay, así, texto definitivo. Solamente la religión impone un texto definitivo, o la pereza o el cansancio, imponen textos definitivos; lo cual es toda una actitud en la cual este monstruo que es Borges se anticipa a toda una serie de pensamientos teóricos.

Fíjense en este individuo que trabaja tanto contra la causalidad y que subvierte la noción de influencia: son los influidos los que crean a los influyentes; es la lectura de los influidos la que hace ver de otra manera a los influyentes;[30]

[29] "Las versiones homéricas" (OC1, 239).

[30] Se refiere, por supuesto, a la propuesta que hace Borges en "Kafka y sus precursores", primera edición: *La Nación*, 2ª sección, 19/08/1951, pág. 1; en *Otras inquisiciones*, a partir de la primera edición.

son los efectos los que crean a sus causas y las convierten en efectos. Les decía: este autor se está en cierto modo anticipando —y eso lo vamos a ver más adelante, cuando entremos a ver cómo desentrañar el meollo ideológico de esta actitud borgeana—, se anticipa a muchas corrientes del pensamiento contemporáneo, sobre todo, en buena medida, a lo que tiene que ver con la ideología. Son textos ideológicos que conciben la ideología no como contenidos sino como formas especiales, formas dinamitadoras, formas subversivas, etc. En este sentido, Borges es una especie de extraña presencia.

Piensen qué hace Borges, que no habrá leído en ese momento ni después (porque le habría inspirado un desdén absoluto) el Estructuralismo, en determinados cuentos... Una síntesis absoluta del pensamiento estructuralista. "Examen de la obra de Herbert Quain",[31] en que analiza la obra, está viendo todos los postulados del estructuralismo, la división de acciones en funciones, de ramificación de función, etc.; el "Examen de la obra de Herbert Quain" es, en pocas páginas, toda la concentración del pensamiento estructuralista. Asimismo, en "El jardín de senderos que se bifurcan",[32] la reconstrucción del laberinto ideado por un antepasado chino permite dilucidar el enigma de qué es ese texto, mediante una pauta estructuralista. En los textos corrientes, las funciones van abriendo posibilidades de nuevas funciones que presentan alternativas, como todos los estructuralistas demostraron; para que un texto pueda seguirse se elige una alternativa y no la otra; y luego Bremond y otros analizarán las posibles ramificaciones con una minucia "urticariante"... Pues Borges, en el análisis del laberinto del antepasado chino, descubre que ese texto no elige una alternativa, las abar-

[31] Primera edición: *Sur*, número 79, 04/1941; *El jardín de senderos que se bifurcan*, Bs. As.: Sur, 1942; en: *Ficciones*, a partir de la edición de la primera edición, 1944.

[32] En: *El jardín de senderos que se bifurcan, op. cit.* Se transforma en la primera parte de *Ficciones* a partir de la primera edición.

ca todas. Es decir, es una *reductio ad absurdum* de la propuesta estructuralista.

Asimismo, Borges irá más adelante con esta idea del texto no definitivo, es decir de la producción de sentidos constantes. El sentido como producción y no como busca de algo previo, congelado, que ya existe y que hay que ir a buscar, está en el pensamiento del postestructuralismo francés, la idea del texto como producción y práctica significante de Julia Kristeva, por ejemplo; es decir, son formas de la anticipación.

Pregunta: Yo quería hacer una pregunta: ¿ése es el motivo de "rehacer su obra" permanentemente en Borges?

Pezzoni: ¡Claro! Esa idea del texto no definitivo es una práctica borgeana. Y como yo les dije en la clase anterior, esa práctica borgeana de la revisión constante que lo puede llevar a actitudes diversas —a la auto-estilización y aun a la parodia— y que parece regida por ese ideal de abandonar la estética agresiva de la sorpresa por la estética de la llaneza, es una práctica engañosa. Es decir, Borges es especialmente irritante porque a medida que va limando los textos y volviéndolos aparentemente más clásicos, sigue socavando las formas habituales del pensamiento y los paradigmas epistemológicos habituales; los sigue destruyendo más engañosamente, más *taimadamente*. Borges tiene un lado *montonero* a pesar de su conducta conservadora...

Fíjense con qué ambigüedad está trabajando Borges con esta idea de la serie, de la serie no causal, de la serie nacida de un principio ordenatorio que no responde a la causalidad, que responde a un rigor combinatorio que es casi matemático. Hay una ambigüedad en todo esto: ¿cuál es esa ambigüedad? Por un lado, esas series son arbitrarias, son declaradas arbitrarias, provisionales, aleatorias, reemplazables por otras series pero al mismo tiempo esas series están de alguna manera revelando una nostalgia, una necesidad de que exista una causa fundante. El sujeto Borges parece desgarrado por la arrogancia de proponer series que condena y que dice que son rigor de ajedrecistas y no de ángeles; lo que subsiste es la nostalgia de una causa fundante que ese sujeto se prohíbe, hay una especie de ética nihilista y tremendamente anarquista que es la prohibición de caer en la tentación (valga el rimón...) de una causa trascendente y fundante, pero al mismo tiempo la nostalgia de una causa trascendente y fundante. Creo que todo esto es el espíritu que está rodeando "Tema del traidor y del héroe", y que organiza este peculiarísimo relato que es la exposición de una posibilidad de relato que es "Tema del traidor y del héroe".

III

Bien. Vamos a entrar en el texto para ver una cosa: el título "Tema del traidor y del héroe" exhibe... ¿qué? El propósito de la elaboración de una serie. ¿En qué consistirá lo que vamos a leer? Vamos a leer la descripción de cómo se elabora una serie. La palabra "tema" ¿qué hace? Sitúa al texto en la zona de un pre-texto, es decir, de un texto anterior a un texto posible y futuro. Lo que vamos a leer —insisto— es la elaboración de la posibilidad de un relato presentada de tal manera que constituye un relato; es decir, que nos atrapa de tal manera que el recuento de las posibilidades y procedimientos posibles para elaborar un relato adquieren la dinámica de un relato.

Dice el sujeto de la enunciación, es decir el que narra:

"... he imaginado este argumento, que escribiré tal vez y que ya de algún modo me justifica... /.../ Faltan pormenores, rectificaciones, ajustes; hay zonas de la historia que no me fueron reveladas aún; hoy, 3 de enero de 1944, la vislumbro así." (*Ficciones*, OC1: 496)

Y sucede el relato.

Ahora bien, ¿qué encontramos en este primer párrafo decisivo? El sujeto de la enunciación expone una trama; esa exposición es la del propósito y a la vez la de una forma de acción; ha imaginado y ha escrito este argumento que se refiere a la posibilidad de una acción ulterior, la posibilidad de construir un relato con ese argumento. Este párrafo inicial es una superposición compleja de afirmaciones y negaciones: típica postura del sujeto borgeano: afirmar para negar, negar para afirmar. El principio de la contradicción es constante, es un pensamiento que trabaja sobre la idea de enfrentar opuestos y, alternativamente, supeditar el uno al otro, sobre el principio del cambio: el traidor puede ser héroe, el héroe puede ser traidor. Ese principio del cambio es constante. Pensamiento contradictorio que es interesante ver desde el punto de vista de las ideologías.

Hay teóricos que han reprochado el término "contradicción" aplicado a los fenómenos sociales; la contradicción sólo existe en el pensamiento, en las pautas del pensamiento, no en la realidad. El principio de contradicción no es un principio de los fenómenos sociales, donde hay lucha, pugna y conflicto, pero no contradicción. La contradicción es una figura de pensamiento. Borges trabaja su pensamiento sobre la base de la contradicción permanente, en su propósito de subvertir paradigmas definitivos de interpretación.

Pregunta: ¿Qué corrientes postulan que la contradicción es una figura de pensamiento?

Pezzoni: Yo te voy a dar los textos correspondientes, pero, como decía Dickens, no nos adelantemos a los acontecimientos...

Entonces, en este comienzo hay una serie de contradicciones, de afirmaciones y de negaciones. Sobre todo: afirmaciones de poder y de carencia, afirmaciones de existencia y de inexistencia que se superponen. Piensen ustedes: por un lado, una afirmación de poder por parte del sujeto de la enunciación: "... he imaginado este argumento /.../ que de algún modo me justifica...". Es decir, el sujeto de la enunciación se declara con el poder para producir un texto que lo ha producido; afirma un poder y un modo de existencia, pero al mismo tiempo el sujeto declara una carencia. Su poder se contrapone a una carencia, la ausencia de un saber, de un conocimiento sobre lo que ha imaginado y lo que de algún modo lo justifica. ¿Comprenden ustedes?

¿Dónde aparece esa carencia? "... hay zonas de la historia que no me fueron reveladas..." Piensen ustedes cómo se instala el sujeto en la contradicción: yo tengo un poder, he creado e imaginado algo que me crea a mí, que me justifica, me produce, pero yo no sé nada acerca de eso que he creado y que me justifica. Poder más carencia. Afirmación de un tipo de existencia: soy el *auctor*, soy la autoridad en el doble sentido de la palabra; en el sentido —digamos— ideológico y en el sentido etimológico. Soy el autor, pero soy el que lo ignora todo acerca de esto que me ha producido y que me sobrepasa, que está más allá de mí: "... hay zonas en la historia que no me fueron reveladas..."

Por otro lado, respecto de ese posible, inminente, futuro, relato que escribirá "tal vez", que es pura posibilidad que no se produce, por un lado: afirmación de inexistencia, lo que dice la frase "escribiré tal vez", que está en un hipotético futuro que la modelización del "tal vez" hace aun más hipotético. O sea: negación de existencia pero a la vez afirmación de existencia. Ese relato existe de algún modo. ¿Por qué existe? "Hay zonas", es decir, existen modos de ser del relato que no me han sido revelados; es decir, contradictoriamente el sujeto dice que ese relato no existe, que es pura *tensión hacia*, es pura posibilidad, pero ese relato existe, en él existe, "hay". El "hay" es una afirmación de existencia. Es decir, el sujeto se afirma con *auctoritas*, el sujeto desbarata toda su autoridad; es el que ha hecho y no ha hecho, es el que puede y no sabe, y el sujeto se refiere a un modo de existencia que no existe: pura e hipotética posibilidad del futuro, pero que existe, es lo que posee, es lo que tiene, es el reinado del "hay", del *existe de por sí*, ese relato tiene una existencia de por sí: injustificada e independiente del sujeto.

Fíjense cómo se vuelve a recortar el problema que habíamos visto cuando Borges expone, glosa a Santo Tomás y dice que en el orden de Santo Tomás hay una causa primera no contingente, la Divinidad. Lo que pueden hacer los hombres divinizadores del rigor es inventar series unidas por principios no causales, por otro tipo de concatenación, pero siempre faltará esa causa primera no contingente. Este relato con estas contradicciones está diciendo esto: se propone un argumento surgido sobre la base de la concatenación no causal y del rigor, pero a ese relato le falta una causa contingente y primera. En alguna zona existe ese relato, más allá del sujeto que lo imagina como posibilidad.

El que vio muy bien esto en Borges es precisamente Pierre Macherey; en *Para una teoría de la producción literaria*,[33] cuando se ocupa de Borges, está viendo en Borges esta continua tensión hacia el relato posible que tiene una fuerte marca ideológica. ¿En qué sentido una fuerte marca ideológica? En el sentido de la negación absoluta de admitir sentidos últimos que puedan imponerse como verdaderos. Es decir, en el sentido de que es el cuestionamiento absoluto de toda deificación de los sentidos como sentidos trascendentes a los sujetos que trabajan con ellos. Borges se está instalando en el sentido como producción constante e inacabada, o, como dirán después los derrideanos, en el sentido como "*différence*", en el doble sentido que tiene la palabra en el francés de Derrida: diferencia respecto de los sentidos anteriores, congelados, previstos, y en el sentido de dilación, como lo que se difiere continuamente, como lo que retrocede sin cesar y no se atrapa nunca.

En efecto, Macherey vio muy claramente esto. Les voy a citar el texto en una traducción que corregiré a medida que lea; es una publicación hecha por una editorial pequeña y privada, hecha con excelente voluntad y que tomó el nombre ficticio de "Editorial Freeland", tierra libre. Es un nom-

[33] Pierre Macherey: "Borges et le récit fictif", *Pour une théorie de la production littéraire*, París: Maspero, 1966, págs. 277-285.

bre inventado, pero ustedes saben que Bioy Casares y Borges escribieron una serie de textos en común que son los textos que firmaron los seudónimos de Benito Suárez Lynch y H. Bustos Domecq; ellos lanzaron las primeras ediciones —unas ediciones muy preciosas, en el sentido de que ahora son raras, estamos en plusvalía, estamos en la escena del robo de la biblioteca de Arlt en *El juguete rabioso*, hay libros que valen más porque son la plusvalía... Bueno, Borges y Bioy inventaron una editorial para publicarlos que se llamaba "Oportet & Haereses", que parece el nombre de una firma, solamente que no pusieron el signo "y" sino que pusieron el signo "&" "and", para que parezcan dos nombres propios: el señor Oportet y el señor Haereses. Ésa es una frase de San Agustín, y la frase de San Agustín dice: "Oportet et haereses esse..." Es decir: "Conviene que también haya herejes".[34] Y sigue: "para que se vea muy bien cuál es la imagen de los justos." El chiste consiste en reemplazar el "et" por "&", es decir "and", suprimir el "esse", y crear la firma comercial Oportet & Haereses.

Bueno, les decía que esta editorial inventada, Freeland, con muy buena voluntad recoge una serie de escritos sobre Borges, pero las traducciones son absolutamente desopilantes, y entonces uno piensa: ¡qué extraño el fervor de algunas personas que se interesan tanto por temas sobre los cuales lo ignoran absolutamente todo! ¡Qué extraña fascinación! Porque, en este sentido, los errores a los que puede llegar un traductor son inconcebibles e imperdonables porque están marcando unas zonas tremendas de ignorancia, mientras que los errores que comete un autor son divinificados por los críticos porque ven modos de ser del sujeto, actitudes, posturas... En cambio, el pobre traductor se equivoca y dice: ¡Bestia! ¡ignorante! Yo he sido traductor muchos años, sé lo que es esta terrible experiencia de andar

[34] En un primer momento, la cita viene de "Ia Epistola ad Corinthios", XI, 19.

sobre el filo de la navaja, a punto de cortarme más de una vez...

Entonces, les decía que en esta traducción, Macherey habla mucho de "La muerte y la brújula"; como el texto está traducido del francés, el cuento se convierte en "La muerte en La Boussole". ¿Por qué? Porque "boussole" quiere decir "brújula", cosa que ignora el traductor del francés; como además también ignora el cuento de Borges, supone que "Boussole" es el nombre de un lugar; entonces convierte "La muerte y la brújula" en "La muerte en La Boussole", como si dijéramos "La muerte en Tapalqué" o "La muerte en La Salada".

También hay otra cosa muy graciosa. Cuando está analizando "El jardín de senderos que se bifurcan", recuerdan ustedes que el personaje se llama "Albert" y precisamente el espía lo va a matar para que el nombre "Albert" indique al enemigo cuál es el lugar donde se va a producir una acción, "Albert" se convierte naturalmente en la traducción en "Alberto", y es una pena, casi añoro que el traductor no haya puesto "Tito", lo que bien podría haber ocurrido.

Volviendo al texto, con esa teoría de que la literatura pone en descubierto a la ideología, Macherey ve, entonces, un problema ideológico en esta tendencia hacia el relato posible que se afirma como existente y se niega como existente al mismo tiempo. Es decir, este instalarse en la contradicción que es permanente y una y otra vez indica esa tensión hacia el relato en Borges. Dice: "De allí una técnica bastante simple de redacción que hace abundante uso de las alusiones. Más que escribir, Borges indica un relato: no solamente aquel que él podría escribir, sino aquel que otros podrían haber escrito".[35] Con lo cual, Macherey lee muy acertadamente el texto borgeano como un texto de producción de sentido en que, de alguna manera, estamos todos comprometidos. El texto produce un sentido en una producción incesante en la

[35] *Op. cit.*, pág. 281.

cual nosotros estamos abarcados, y de allí el énfasis constante de Borges en la presencia del lector, del lector que continuamente interviene en la elaboración de sentidos.

Y, más adelante, dice Macherey que esa característica de los cuentos, esa posibilidad de un relato que vos y vos podrían haber escrito, un relato que todavía no existe, un relato del *escribiré alguna vez*, del narrador de "Tema del traidor y del héroe", aparece también en los ensayos. Por eso dice Macherey: "En lugar de trazar la línea del cuento, señala la posibilidad, generalmente retrasada, diferida: es por eso que sus artículos de crítica, aun cuando tratan sobre obras reales, son ficticios..."[36] Es decir, lee creando nuevas series interpretativas que pueden reemplazarse por otras series interpretativas. Ésa es la peculiaridad que tienen cuentos y relatos, en definitiva, el sentido como diferencia, como lo que está más allá y como lo que retrocede sin cesar.

Concluirá Macherey diciendo: "El libro ausente o incompleto manifiesta todavía alguna presencia a través de sus fragmentos".[37] Es decir, los relatos son como fragmentos de ese texto definitivo que nunca llega, porque no pertenece ni a la religión ni al cansancio. No es absurdo entonces imaginar, dice Macherey, que en lugar del libro total que reagruparía todas las combinaciones —el viejo sueño del libro total, que hace pronunciar aquella famosa frase *"Le monde aboutit à un livre"*, el mundo culmina en un libro— sería posible escribir uno, de tal modo insuficiente que por él estalle la importancia de eso que se ha perdido. Es decir, el ideal del libro total, abarcador de todos los sentidos, un libro fragmentario, donde el sentido es una pura inminencia que no se produce, pero que, de alguna manera, por su insuficiencia y su incompletud y su fragmentarismo destaca la importancia de eso llamado sentido que es pura producción permanente.

[36] *Ibidem*.

[37] *Op. cit.*, pág. 285.

IV

Volvamos al texto. Relato que enfatiza el presente de la escritura (escribo hoy 3 de enero de 1944) y que enfatiza el futuro que no llega, que no se produce, el relato como pura tensión, como pura inminencia, es decir: "escribiré tal vez".

Entonces: confrontación entre sujetos afirmados y negados, sujeto de la enunciación que afirma y niega el poder sobre el relato (yo imaginé pero se me escapan cosas); afirmación y negación de la existencia del relato. Ese relato no existe, es pura inminencia, pero en él "hay", existen elementos que trascienden al sujeto, tanto el sujeto de la enunciación que se afirma y se niega, como el sujeto del enunciado que se afirma y se niega. Es decir, hay una iridiscencia en los sujetos del enunciado que se afirman y se niegan al mismo tiempo. ¿Cuáles son los sujetos del enunciado en este texto? Son, por un lado, los dos Kilpatrick, el Kilpatrick héroe y el Kilpatrick traidor; el traidor niega la heroicidad del héroe, el héroe niega la traición del traidor. Esos dos sujetos se contraponen y se desmienten mutuamente, pero hay un segundo sujeto del enunciado que es la posibilidad del relato. El sujeto del enunciado último y definitivo, en definitiva, ¿cuál es? Es el relato posible que es negado y afirmado simultáneamente: es y no es. Es pura inminencia, pero de algún modo ya es, como las series borgeanas que son y pueden no ser al mismo tiempo.

Y bien, esta ambivalencia se proyecta sobre la segunda ambivalencia. Esta confrontación entre modos de existencia, negados y afirmados, está contraponiendo el modo de ser de la realidad, que puede registrarse como documento histórico, y el modo de ser de los documentos que conforman la realidad, que inventan la historia. Es decir, el texto confronta dos tipos de discursos: el discurso documental y el discurso que inventa, fabrica y construye el documento, es decir: el discurso que trama el documento, que lo vuelve tema; tema en el que confluyen los opuestos: traidor y héroe en esa especie de gran alegoría que es el "Tema del traidor y del héroe". La historia por un lado como documento, contrapuesta a la historia como trama, como urdimbre, como fabricación, es decir, como ficción; es decir, como literatura.

Supeditación de la historia a la literatura, en definitiva, entendiendo la literatura como movilizadora de sentidos posibles: la ventaja de la literatura sobre la historia es que la literatura moviliza sentidos, interpreta sentidos, desecha estas interpretaciones por otros tipos posibles de interpretaciones; neo-aristotélicamente, el narrador podría decir: la literatura es más filosófica que la historia, puesto que propone sentidos aunque sea para establecer series provisorias, series intercambiables, series sucesivas, en el sentido de que unas se reemplazan a otras.

En ese sentido, hay una frase que es fuertemente ideológica en el texto, entendiendo como problema ideológico esto: no hay documento que no sea urdimbre y fabricación. Es una manera de visualizar un conflicto ideológico: la imposibilidad de todo documento fidedigno, en definitiva.

Todo documento no es sino urdimbre. Esa frase contiene lo que Medvedev, Voloshinov y Bajtín llamarían un *ideologema*, es decir, una valoración ideológica de un hecho. Vamos a ver después, cuando entremos en el grupo Bajtín, que el vivir corriente es una producción de *ideologemas*, es decir de valoraciones ideológicas del mundo circundante. La literatura produce, a partir de esos ideologemas y no como meros reflejos, *ideologemas* artísticos. En la literatura existe el paso del *ideologema* de la Vida al *ideologema* en el Arte, así como Voloshinov escribe ese artículo tan fundamental, "El lenguaje en la Vida y el lenguaje en el Arte",[38] contraponiendo, inter-relacionando y a la vez diferenciando el lenguaje en la Vida y el lenguaje en el Arte; son correlativos pero no absolutamente asimilables. Los ideologemas en la Vida apa-

[38] Valentín Voloshinov: *El signo ideológico y la filosofía del lenguaje*, Bs. As.: Nueva Visión, 1976.

recen transformados en ideologemas artísticos en el campo de la literatura. Hay una frase acá que contiene mediante un adjetivo, que es una de las formas de valoración ideológica más fuertes, un ideologema poderoso: "Que la historia hubiera copiado a la historia ya era suficientemente pasmoso; que la historia copie a la literatura es inconcebible..." (*Ficciones*, OC1: 497)

La palabra "inconcebible" es un absoluto ideologema; es decir, está socavando los modos de pensar corrientes; es imperdonable que la historia pueda copiar a la literatura. Las ideologías habituales prohíben esa asunción. El texto subversivo de Borges propone un suceder histórico que siga a la literatura, con lo cual está dinamitando todas las teorías del reflejo mecanicistas, esas teorías de los anillos, esas teorías mecanicistas de Plejanov, etc. Es decir: es posible subvertir el orden corriente. Y, de alguna manera, le está encomendando una ardua y terrible misión a la literatura, el autor de esta frase. Está diciendo: los órdenes del pensamiento habitual repudian este hecho de que un tipo de discurso que es una práctica significante influya sobre otros tipos de discursos que son prácticas significantes también y que se descubren como tales: el discurso de la historia, que se supone que es un mero registro pasivo de acontecimientos reales, ante el cual retrocede el discurso como una forma de expresarlo y de transcribirlo. Lo inconcebible de pensar que la historia copie a la literatura es el hacer ver que también la historia es una práctica significante que Borges espectaculariza supeditando historia a literatura, es decir, parecería más obvia la práctica significante que es la literatura. Decir que la historia copia a la literatura es decir que también el discurso de la historia es una práctica significante que crea sentidos e impone sentidos.

Bien, decíamos entonces: en ese juego de contradicciones y ambivalencias, "Tema del traidor y del héroe" exhibe poder y carencia; frente a la historia, el suceder como pura conjetura; frente a lo que falta, el poder de la trama que urde y fabrica. Por eso proponíamos, siguiendo a un crítico francés, un subtítulo para "Tema del traidor y del héroe" que sería: "Tema del texto y del complot", "Tema del texto y la conspiración". Es decir: el texto como conspiración para producir sentidos, series posibles: en una serie posible, Kilpatrick es un traidor que pasa por héroe; en otra serie posible, el traidor y el héroe coinciden. ¿Por qué? Porque se ha conspirado siguiendo textos literarios, siguiendo el *Julio César* de Shakespeare, siguiendo otros textos de Shakespeare, *Macbeth*, y siguiendo las prácticas discursivas de otros textos que vienen de la filosofía, de las matemáticas, de la metafísica; siguiendo toda una serie de textos, se conspira para crear otra serie en la cual Kilpatrick es héroe; esa serie se impone a la historia, se convierte en la historia, y anticipa más aún la historia: el asesinato de Kilpatrick pre-anuncia el asesinato de Lincoln en un teatro. Es decir que la relación causal se convierte en relación textual. La conspiración histórica de Irlanda a mediados del siglo XIX se convierte en un argumento literario, en una trama, en una serie que influirá sobre series futuras, que ocurren en la realidad o por lo menos que influirán sobre la lectura de esas series posibles que se darán en la realidad: el asesinato de Lincoln.

En este sentido, todo texto es siempre una conspiración para Borges. Es decir, una red de subterfugios para inventar un suceder, una serie con un principio de concatenación que el texto propone. El tema es un epítome, yo diría, funcional y constitutivo de la ficción literaria. El texto se ofrece como ejemplo de los procedimientos con que trabaja la literatura, y se ofrece como texto leído también. Es decir, el texto es una doble producción: producción de sentidos al imaginar una trama posible, una conspiración posible textual, y además una producción de sentidos por el que recibe el texto e interviene en la producción de sentidos. Es decir, por parte del sujeto de la enunciación: propuesta de una serie, de una trama, que configura un peculiar sujeto del enunciado; un relato, una trama, un texto, en los que intervienen dos sujetos del enunciado que intercambian sus roles en esa trama.

Ahora, también aparece el llamado al "tú", es decir al sujeto receptor; el sujeto receptor ve en ese texto una forma de cómo leer un texto, es decir: cómo desentrañar los sentidos posibles de un texto.

El final, agregado por Borges, lo destaca: "... Ryan sospecha que el autor los intercaló para que una persona, en el porvenir, diera con la verdad" (*Ficciones*, OC1: 498). Es decir, el texto se programa como serie y también está programando lecturas posibles de esa serie. Es decir, se programa como posibilidad de relato y como posibilidad de lecturas de ese relato también. Elemento fundamental en Borges: la presencia del "tú" receptor, que interviene en la producción de sentidos: "Comprende que él también forma parte de la trama de Nolan...". Y aquí viene el tema de la seudo-divinidad, de esta divinidad contingente pero rigurosa, que programa el texto; programa la producción de sentidos y programa modos de recepción posibles de la recepción de esos posibles sentidos que nunca se congelan definitivamente.

Entonces, "Tema del traidor y del héroe" se da en una múltiple perspectiva. Por un lado, la exhibición de la lectura como práctica, y manera de desentrañar la función de los procedimientos; el procedimiento, por otro lado, como posibilidad permanente puesto que el relato todavía no está escrito. En el procedimiento como posibilidad, está el lado formalista que puede haber en Borges, es decir, estamos reconociendo algunas pautas del Formalismo, y del Formalismo Ruso. Después vamos a ver más adelante cómo Borges se interesa en otras actitudes posibles de los procedimientos. Este interés de los procedimientos, sin embargo, rebasa lo formalista. ¿En qué sentido? En el sentido de lo que los Formalistas se prohibían toda interpretación ideológica de los procedimientos. Los procedimientos eran una forma neutral, eran una causa necesaria y suficiente para que existiera el texto artístico, pero el Formalista se detiene en la valoración ideológica del procedimiento. Borges avanza, exhibe el procedimiento como una forma, pero que es una forma ideológica; o, dicho de otra manera, muestra la ideología como forma, como propuesta de determinadas concepciones del sentido que destruyen ciertas concepciones en ese momento vigentes.

V

En este sentido, y antes de seguir avanzando con el texto de "Tema del traidor y del héroe", es muy interesante comparar estos dos relatos que aparecen juntos en *Ficciones*: "La forma de la espada", por un lado, y "Tema del traidor y del héroe", por otro, que además van juntos en el texto; por alguna razón muy evidente: afinidades "temáticas" (para usar el término en el sentido tradicional). Los dos cuentos se refieren a dos momentos de la historia de Irlanda separados por casi cien años: una conspiración en Irlanda hacia 1920, una conspiración en Irlanda hacia 1820. Los dos con el juego del héroe enmascarado —mejor dicho: el traidor enmascarado de héroe. Es decir, hay dos afinidades centrales, pero además los dos textos se vinculan entre sí; para usar la palabra tan de moda ahora que es la "intertextualidad", es decir, las alusiones mutuas entre textos que se remiten unos a otros. Los dos textos se remiten constantemente uno al otro, juegan el uno con el otro, se miran en espejos, generalmente, alterando las relaciones entre uno y otro; por ejemplo, las alusiones mutuas, simétricas, pero por oposición, es decir, los *oxímoron* que se remiten uno al otro.

En "La forma de la espada", ustedes recuerdan, el segundo personaje narrador —el primero es el que recibe la historia— es el personaje receptor-lector, que en este caso se llama Borges. El autor empírico Borges se complace en mostrarse una y otra vez como receptor de historias, se complace en asumir el papel de lector, generalmente de un lector bobo, un lector "*moron*" que no entiende lo que le están contando y que se queda extasiado ante la sorpresa final. Fíjense que la sorpresa final es un elemento constante en los relatos de Borges; la sorpresa que maravilla, que deja en suspenso.

Borges asume el papel de lector que es sacudido por una sorpresa final que no ha previsto, y es tan fuerte ese papel que asume que de pronto una relectura hace obvia la sorpresa final. La presencia de ese receptor del relato que se llama Borges hace que el lector se alíe con ese lector zonzo y reciba con toda su fuerza la sorpresa final; también él quedará seducido. En una relectura de "La forma de la espada", el detalle de la cicatriz rencorosa que le cruza la cara a John Vincent Moon es tan obvio que sólo la presencia de ese lector supuestamente pasivo, que es el receptor Borges, hace que participemos con la misma intensidad de esa sorpresa que en la relectura nos resulta escandalosamente obvia. Solamente en la relectura.

Bien. Les decía: los dos relatos se recortan el uno contra el otro de tal manera que, por ejemplo, el segundo narrador, el traidor-héroe John Vincent Moon, es el inglés que en Tacuarembó ha comprado un campo que se llama "La Colorada", por eso lo llaman "el Inglés de La Colorada". ¿Cómo está caracterizado? Por la enérgica flacura, los ojos glaciales, el bigote gris; es decir, este personaje gris y gélido, está en un espacio que se llama "La Colorada". *Oxímoron* entre la connotación de frialdad del personaje y la connotación de ardor de "La Colorada"; *oxímoron* entre los bigotes grises y el campo de "La Colorada" de John Vincent Moon. A la inversa, en "Tema del traidor y del héroe", ¿qué ocurre? La estatua de Fergus Kilpatrick preside un cerro gris entre ciénagas rojas; lo gris es ahora Kilpatrick, que está encima del cerro gris, entre las ciénagas rojas. Es decir, el oxímoron se repite de alguna manera, convertido.

Además, los dos personajes se remiten el uno al otro, por la "caracterización" real, es decir, la atribución de rasgos de realidad física a los personajes: John Vincent Moon tiene rasgos que apuntan a lo repelente, es decir, ojos glaciales, frialdad, dureza; Kilpatrick es descrito con rasgos que apuntan a lo que produce atracción. Por un lado, John Vincent Moon: ojos glaciales, frialdad, dureza. Cuando John Vincent Moon se describe a sí mismo como el traidor, es decir en otra época de su constitución física, ¿cómo se describe? Nuevamente por la blandura, la falta de consistencia, es decir que se contrapone el traidor que confiesa ahora, en el presente de la narración, al que fue durante la conspiración. Ahora es duro, glacial, descripto con rasgos repelentes; en la época anterior, era todo lo contrario de duro y de glacial: era fofo, era blanduzco, era repelente de otra manera. Dice: "Era flaco y fofo a la vez; daba la incómoda impresión de ser invertebrado". (*Ficciones*, OC1: 492) Es decir que el texto contrapone las dos versiones: el héroe aparece —o el supuestamente héroe, el narrador testigo de los hechos— aparece con otro tipo de rasgos repelentes. Ambos se contraponen y ambos a la vez se contraponen a la imagen que del cuento —del cuento posible— da el narrador de "Tema del traidor y del héroe".

Frente a esos dos John Vincent Moon, invertebrado, fofo —como diría Cané en *Juvenilia* sobre el enfermo que no saben ubicar si es gordo o flaco, hasta que uno dice es flaco y barrigón, con lo cual compromete los opuestos... bueno, Moon es glacial, duro, por el otro lado es fofo e invertebrado, los dos son rasgos repelentes. Frente a eso, Kilpatrick ¿qué es? Es el joven, heroico, bello, asesinado; es el revolucionario romántico, rodeado de todos los atributos de la belleza y la atracción. Los cuentos se aluden entre sí mediante contraposiciones; de la contraposición héroe-traidor nace otro tipo de contraposiciones.

A la vez, [veamos] cómo son los rasgos ideológicos de contenido que dice el "Tema del traidor y del héroe" que presentan a Kilpatrick: aparece como la imagen ideológica del conspirador romántico, rodeado con todo el halo de la figura romántica:

"Kilpatrick fue un conspirador, un secreto y glorioso capitán de conspiradores; a semejanza de Moisés que, desde la tierra de Moab, divisó y no pudo pisar la tierra prometida, Kilpatrick pereció en la víspera de la rebelión victoriosa que había premeditado y soñado". (*Ficciones*, OC1: 496)

Es decir, es el héroe romántico que padece la experiencia del sacrificio. *Oxímoron*, entonces, entre esta imagen que produce el texto de este héroe infinitamente hermoso y romántico y el traidor que resulta ser. Pero este oxímoron interno se proyecta hacia el oxímoron que crea con la figura de John Vincent Moon, que está descripto con rasgos repelentes desde el punto de vista ideológico del que cuenta la historia. ¿Cómo está descripto por el narrador —que en realidad es él mismo— John Vincent Moon, que viene a la conspiración y que traiciona al narrador, y que, en realidad, es él mismo? ¿Cómo está descripto? El fofo, el flaco, el invertebrado. Dice:

"Había cursado con fervor y con vanidad casi todas las páginas de no sé qué manual comunista; el materialismo dialéctico" —no puedo resistir la risa ante esta frase tan típica de los textos de Borges— "le servía para cegar cualquier discusión" —es decir, para interrumpir cualquier discusión—. "Las razones que puede tener un hombre para abominar de otro o para quererlo son infinitas: Moon reducía la historia universal a un sórdido conflicto económico. Afirmaba que la revolución está predestinada a triunfar. Yo le dije que a un *gentleman* sólo pueden interesarle causas perdidas..." (*Ficciones*, OC1: 492)

Aparte de esta postura ideológica con que desde dentro del cuento está visto el traidor —y que coincide con algo que está fuera del cuento y perturba tanto a la crítica: las posturas ideológicas del señor Borges—, de alguna manera acá el traidor está asumiendo una voz de *alter ego* de Borges, en esta abominación del materialismo dialéctico, etc. Pero, de todos modos, lo que me interesa es *el invertebrado, el fofo, el feo, el héroe*, que es lo que podríamos llamar un *signo motivado*; la traición aparece como un *signo motivado*: el traidor es feo y es un materialista dialéctico, es un comunista, toda una serie de rasgos de deslealtad, y se contrapone al otro traidor, que es un signo no motivado, es un signo arbitrario. La fealdad de su conducta no parece motivadora de la fealdad del físico: Fergus es infinitamente hermoso, infinitamente romántico. De nuevo, alusión a los dos relatos. El personaje como signo motivado, haciendo la metáfora con el signo lingüístico: Kilpatrick es un signo arbitrario, no motivado; Vincent Moon es un signo motivado.

Éste es un fenómeno muy interesante de observar en ciertos relatos que están jugando con problemas ideológicos. Es muy interesante ver cómo aparecen personajes como signos motivados y como signos no motivados, arbitrarios. Por ejemplo, en ese espléndido relato en que se pone en juego el discurso de la autoridad sobre otro tipo de discurso que es *Billy Budd*, de Melville. *Billy Budd* es la historia de un joven marinero, hermosísimo, que es pura inocencia y que es un signo motivado (su belleza es la belleza de sus sentimientos), frente a otro tipo de signo motivado que es el maestro de armas del barco, que lo detesta, lo acusa de una conspiración que no ha cometido y por la cual Billy Budd es ahorcado por el capitán, que sabe la inocencia de Billy Budd pero que, en nombre del discurso de la autoridad, lo hace ahorcar. Ahí, en todo Billy Budd, hay un juego de los personajes como signos motivados e inmotivados con el cual está jugando Borges aquí; el signo lingüístico como un signo arbitrario es Kilpatrick, el signo lingüístico como un signo motivado es John Vincent Moon.

Por otro lado, vamos a cotejar más adelante estas declaraciones que pone Borges en boca de su personaje al caracterizar a John Vincent Moon como el feo comunista, con otras que ha hecho el propio Borges desde algunos ensayos suyos haciendo una tabla rasa ideológica de muchas actitudes ideológicas contemporáneas.

Fíjense ustedes que en un texto de *Otras inquisiciones* que se llama "Valéry como símbolo", Borges, que siempre está buscando símbolos que concentren una carga ideológica, contrapone dos figuras: la de Walt Whitman, que es el poeta vital, el que es arrastrado por su vitalidad... —cosa que le produce a Borges deslumbramiento y envidia, eso lo vamos a ver más adelante, como la veneración que tiene Borges por formas de vitalismo, aunque las supedite a los rigores del pensamiento; pero el vitalismo, como la Divinidad, es siempre una nostalgia acuciante en Borges, que atormenta al sujeto Borges, al sujeto empírico y al sujeto textual, a los dos sujetos... Bien, entonces: contrapone esa pujanza que es Walt Whitman a los rigores del pensamiento lúcido que es Valéry, Paul Valéry. Y para contraponer ambas figuras, el narrador del ensayo —y uso deliberadamente la palabra *narrador*, porque este ensayo también está compuesto en forma de narración— prorrumpe en esta frase que parece la caracterización de John Vincent Moon, esta frase que dice así: "Valéry ilustremente personifica los laberintos del espíritu" (*Otras inquisiciones*, OC2: 64) y se opone a Walt Whitman que es una "incoherente pero casi titánica vocación de felicidad" (*Otras inquisiciones*, OC2: 64). Y, al contraponer la vocación de felicidad, vitalista corporal que es Walt Whitman a los laberintos espirituales incorpóreos que son Valéry, Borges prorrumpe en esta frase a propósito de Valéry:

"Proponer a los hombres la lucidez en una era bajamente romántica, en la era melancólica del nazismo y del materialismo dialéctico, de los augures de la secta de Freud y de los comerciantes del *surréalisme*, tal es la benemérita misión que desempeñó (que sigue desempeñando) Valéry." (*Otras inquisiciones*, OC2: 65)

Es decir que Borges hace una tabla rasa ideológica de los contrarios más absolutos; equipara nazismo a materialismo dialéctico, el surrealismo y el freudismo, es una triquiñuela de mercachifles. Es decir, de una plumada deshace anárquicamente toda una serie de posturas ideológicas, equiparando una vez más traidores y héroes; tanto el materialismo como el nazismo son diversas manifestaciones de la contraposición traidor y héroe en definitiva. Es uno de los pasajes más anárquicos y nihilistas del sujeto Borges, que es el que le da esta voz al narrador traidor disfrazado de héroe que se caracteriza como el comunista feo, fofo, invertebrado, blandengue, que ciega toda discusión mediante el materialismo dialéctico.

Bueno. En la clase próxima vamos a seguir viendo cómo estos dos cuentos se remiten el uno al otro, se aluden el uno al otro, irónicamente, establecen conversiones entre el uno y el otro; contra qué frentes de discurso están trabajando, es decir: cómo son formas de discursos que reaccionan contra otros tipos de discurso. Esto lo veremos en la clase próxima.

Clase 16 (7 de junio de 1988)

Estábamos observando las remisiones intertextuales que se hacen entre sí los dos relatos de Borges: "La forma de la espada" y "Tema del traidor y del héroe". Recuerdan ustedes que ese tipo de remisiones simétricas, que a veces trabajan la simetría por oposición, oxímoron que aparece en uno de los relatos, invierte sus partes componentes en el segundo relato. Recuerdan ustedes el halo romántico del que se rodea a Kilpatrick y los rasgos repelentes desde el punto de vista físico y desde el punto de vista ideológico del narrador que rodean al doble carácter de John Vincent Moon y al "inglés de La Colorada".

I

Otra característica, y que es importante para nosotros, e inclusive desde el punto de vista de las estrategias ideológicas de los dos textos, es que estos dos textos *son textos fuertemente enmarcados*. Cuando usamos la palabra "enmarcados", la usamos en un sentido muy importante, para caracterizar, en general, los textos de la cultura, no solamente los textos literarios, sino en general los textos de la cultura en el sentido —repito— en que la usa Juri Lotman, sobre todo en el trabajo "Valor modelizante del concepto de fin y principio". Ese breve artículo de Lotman (que quizás ustedes ya conozcan y que les recomiendo), está contenido en el tomo *Semiótica de la cultura*, tomo donde aparecen los integrantes de la Escuela de Tartú, que son Juri Lotman, Ouspensky y otros.[39]

[39] Juri M. Lotman: *Semiótica de la cultura*, Madrid: Cátedra, 1979.

En este artículo —no voy a decir texto, porque en Lotman el concepto de texto es fundamental—, Lotman se apoya en la base de su pensamiento, en el sentido de que, para él, existen dos sistemas modelizantes del mundo. El primero es el sistema de las lenguas naturales: toda lengua es una "forma de modelización" del mundo que Lotman llama "primaria". A partir de la lengua, existen sistemas de modelización, o sistemas modelizadores, secundarios, que serían, por ejemplo, determinadas lenguas: la lengua del mito, la lengua de la religión, la lengua del discurso político, la lengua del arte, el texto artístico. Sólo que para la semiosis de Lotman, el concepto de "texto" es un concepto muy amplio que no solamente se refiere a los discursos lingüísticos, a los textos como discursos lingüísticos, sino también a ciertas formas de organización cultural leídas como texto; por ejemplo, la vestimenta, la alimentación, los sistemas culturales, son vistos como textos, de allí que hable siempre de los textos de la cultura.

Ahora bien, una característica fundamental de los sistemas de modelización secundarios para Lotman es la presencia constante de dos categorías: la categoría de principio y la categoría de fin. Fíjense ustedes que si la lengua, el lenguaje natural, es un sistema de modelización primario que se recorta sobre el mundo, la lengua trabaja con un infinito que no tiene ni principio ni fin, mientras que los sistemas de modelización secundarios (por ejemplo el lenguaje del mito, el lenguaje de la religión, o el lenguaje artístico, el del texto artístico) marcan las categorías de principio y fin. Y, en realidad, se puede hacer —y eso es sumamente interesante— una tipología de los textos que marcan el principio y no el fin de lo narrado, de lo expuesto, de lo representado, del modelo de mundo ofrecido, o textos que marcan el fin y no el principio, o textos que marcan el principio y el fin.

En todo caso, en los sistemas de modelización secundarios es fundamental la noción de marco, de corte, dada por la categoría de principio y por la categoría de fin. En todos los sistemas de modelización secundarios, esas categorías son fundamentales. Piensen ustedes, por ejemplo, la importancia que tiene *el marco de un cuadro*: como de un "*continuum* posible" el marco del cuadro establece un principio y un fin, de manera que el modelo propuesto, el modelo de mundo propuesto por el cuadro, está enmarcado por esas dos fronteras del principio y el fin. Piensen ustedes en una representación teatral, los elementos que marcan principio y fin para enmarcar el modelo representado por la obra teatral... Piensen ustedes la importancia del marco y, digamos, la necesidad del marco para cortar un *continuum* que podría ser infinito y mostrar un lapso, un espacio delimitado por una frontera dentro del cual ocurre ese modelo de mundo propuesto. ¿Entienden?

El principio y el fin no solamente se refieren a la dimensión temporal sino también a la espacial; recortan un espacio, recortan un tiempo y dentro de él ocurre esa propuesta de mundo que es el texto de la escultura, el texto de la pintura, etc. Piensen que ese marco es tan importante que puede medirse por la impresión de extrañeza que produce ver a una persona viva sobre un pedestal: dentro de las fronteras enmarcadas por el pedestal, en el interior, aparece un elemento que no es previsible dentro del tipo de modelo de mundo que el espectador puede prever. Piensen los juegos que se han hecho en el teatro con la incorporación de los espectadores al espacio escénico, es decir, hacer entrar al espectador dentro del espacio escénico. Recuerdan ustedes ese cuento tan curioso y tan complejo de Cortázar, "Instrucciones para John Howell",[40] en el que la complejidad del cuento resulta por los traspasos: el salir del marco y el entrar al espacio enmarcado. Piensen ustedes los juegos que ha hecho Pirandello, por ejemplo, con los traspasos de marcos también, o con la acción que no está ocurriendo sobre el escenario, sino que está ocurriendo en otra parte.

El principio de la modelización de los marcos es funda-

[40] Originariamente en *Todos los fuegos el fuego*, 1966.

mental, entonces, y sobre todo hay que tener presente esto: principio y fin no es una oposición binaria. No, son formas de marcar fronteras que —insisto— pueden no aparecer con la misma intensidad. Hay "textos" —y vuelvo a decir "textos" entre comillas, porque, por ejemplo, un mito que todavía no ha sido registrado lingüísticamente no es un texto—... Repito: hay "textos" que pueden marcar una u otra categoría, sobre todo, respecto de un sistema ideológico que el texto está proponiendo.

Piensen ustedes en los "textos" que marcan fuertemente el principio ¿qué están enfatizando? Están enfatizando las funciones de lo que existe y de lo que es eterno, lo que está dotado de un valor, lo que es indestructible, lo que viene de un origen. Piensen ustedes: mitos, religiones, leyendas de fundadores están marcando fuertemente el principio frente a los "textos" que marcan fuertemente el fin, que ideológicamente están ofreciendo una visión del mundo opuesta, marcan lo que está sujeto a rápida destrucción. Marcar el fin es mostrar la posibilidad de destrucción.

Piensen ustedes cómo hay "textos", textos de la llamada "baja cultura" —y recuerden que la división "alta/baja cultura" es una división que por un lado tiene valoraciones ideológicas, y, por el otro lado, es un modo de describir, de acuerdo con la distribución de los espacios culturales, dos tipos de literatura—... Piensen ustedes en la Generación del '80: los textos de Cané, de Lucio V. López, de Eduardo Wilde, pertenecían a un nivel de literatura, mientras que los de Eduardo Gutiérrez, el discurso criollista, como lo ha demostrado muy bien en su último libro Prieto,[41] son otro tipo de cultura, y se establecen relaciones entre ellos. Inclusive en los textos de "baja cultura", cómo se trabaja mucho con la noción de fin. Inclusive en el cinematógrafo, el "final feliz"; el "final feliz" es marcar fuertemente, por lo general en contra de toda lógica, en una ilogicidad total, el final de una

[41]Adolfo Prieto: *El discurso criollista en la formación de la Argentina moderna*, Bs. As.: Sudamericana/Historia y Cultura, 1988.

situación como final feliz obligado, lo cual es también un texto ideológico, un fuerte texto ideológico.

Piensen ustedes que todos los textos que marcan fuertemente el principio, en general, se marcan con la noción de "edad de oro", el comienzo de la gran época de armonía entre hombre y mundo, hombre y naturaleza. Piensen en Rousseau, por ejemplo, que se refiere continuamente a ese principio, a ese origen que es el orden ideal de la naturaleza en las cosas. Mientras que los textos que marcan el fin, siempre están teniendo en cuenta fuertemente los procesos históricos; están proyectando el suceder o las representaciones que ofrecen los textos a los procesos históricos, inclusive para negarlos. Negar el proceso histórico significa tener muy presente el proceso histórico. El "final feliz" de la serie televisiva, de las "soap opera", como dicen los americanos, es decir de la serie televisiva consabida, fuertemente codificada, el "final feliz" marca, trata de ocultar, el proceso histórico, escamotea el proceso histórico precisamente matando el fin que siempre alude al proceso histórico.

Es decir que este marcar el principio o el fin, o los dos, siempre está aludiendo a diferentes concepciones del desarrollo histórico; puede ser la vuelta al punto de partida o puede ser la aproximación al punto final. Es decir: puede ser la visión del curso de la historia como regresivo o como progresivo. Es decir, solamente hay ciertos sistemas de modelización que se sitúan fuera de las categorías de principio y fin, y, por lo tanto, fuera del proceso histórico que son los modelos cíclicos y los modelos anacrónicos que evidentemente escamotean los procesos históricos; cosa que ocurre dentro de muchos relatos de Borges, que marcan fuertemente el principio y el fin, pero donde siempre el fin remite al principio.

Borges propone en muchos de sus textos el *regressus ad infinitum*, la vuelta cíclica del acontecer que es una forma de a-cronicidad porque en el texto borgeano siempre está esa misma situación dramática. El afán de escamotearse a los procesos históricos, de salir de la historia y la invasión de la historia, que Borges reconoce como invasión y que trata de manipular. Una operación constante del texto borgeano es la manipulación del proceso histórico, afirmado y a la vez negado; negado a través de las negaciones metafísicas, por ejemplo (eso lo veremos luego en el texto), pero al mismo tiempo el afán de crear la serie borgeana a la que nos referimos en la clase anterior. Es decir, de crear una nueva imagen de proceso histórico manipulada por el constructor del texto. Eso está desde el primer libro de Borges, *Fervor de Buenos Aires*.

Fervor de Buenos Aires deshistoriza, acroniza la ciudad. Buenos Aires acaba siendo, no una utopía, sino una *a-topía*, un *no-lugar* en un no-tiempo. Pero la historia se le mete. Hay un momento dado en que hay la vieja sala de los muebles de caoba y los daguerrotipos; hay la ventana, y la luz llama a puñetazos; de alguna manera, el texto indica que ésa es la alegoría de la historia, que llama a puñetazos.[42] ¿Qué hace el sujeto entonces? *Acroniza* Buenos Aires, crea una historia de Buenos Aires, esa historia a la cual se han referido tantos lectores de Borges, donde aparecen el antepasado por el linaje y por el lustre guerrero, junto con el antepasado por el linaje pero ideológicamente enemigo: Rosas.

Rosas coincide en esa familia de tradición antirrosista, coincide como invitado no deseado pero que aparece con toda pujanza. Recuerden ustedes en "El truco" (*Fervor de Buenos Aires*) donde aparece don Juan Manuel en medio de los jugadores, como una presencia poderosa; y también a esa historia es invitado otro personaje, el que no está unido por el linaje, el jugador de truco, precisamente, el de los arrabales de ese clan y de ese linaje. Es decir, el sujeto construye una nueva historia, donde hace el gesto ideológico de elegir quiénes entran y quiénes no entran en esa historia. No entra el cambio. La historia que fabrica es una histo-

[42] "Sala vacía" (*Fervor de Buenos Aires*, OC1: 27).

ria sin proceso, sin devenir, es una a-cronicidad. Recuerden ustedes que en "El truco", precisamente, lo que está diciendo Borges es que "los jugadores en fervor presente/ copian remotas bazas",[43] están reproduciendo a los jugadores de truco cíclicamente. ¿Entienden ustedes? O sea, la negación metafísica: no hay dos actos iguales, todo está desenvuelto en el mismo acto porque no existe el tiempo ni existe el espacio; tampoco existe por lo tanto la personalidad: "los jugadores en fervor presente/copian remotas bazas: /hecho que inmortaliza un poco,/apenas,/ a los compañeros muertos que callan".[44] Los que jugaron al truco son los mismos jugadores del truco "en fervor presente"; con la típica lógica de la contradicción, Borges dice: "hecho que inmortaliza un poco,/ apenas..." Las negaciones metafísicas, la negación del proceso histórico, de alguna manera es la afirmación de la existencia de lo que la metafísica niega y del proceso histórico que introduce el cambio. En Borges el movimiento siempre es contradictorio. De alguna manera, podríamos decir: sólo se niega lo que tiene existencia, no se puede negar lo que no tiene existencia.

[43] Pezzoni cita según la versión de la primera edición de *Fervor de Buenos Aires*, que se mantiene hasta la edición de *Obras completas* de Emecé, de 1974; a partir de esta edición, el texto dice: "los jugadores de esta noche/copian antiguas bazas". (*Fervor de Buenos Aires*, OC1: 22)

[44] Estos versos corresponden a la versión de *Poemas (1922-1943)* de Losada, y a la de Emecé, de 1954, *Poemas (1923-1953)*, Volumen II de las primeras *Obras completas*. La edición de *Fervor de Buenos Aires* de 1923 difería ligeramente: "los jugadores en fervor presente/copian remotas bazas/cosas que inmortaliza un poco,/ apenas,/ a los compañeros que hoy callan." A partir de 1974, el texto dice: "los jugadores de esta noche/copian antiguas bazas:/ hecho que resucita un poco, muy poco,/a las generaciones de los mayores/que legaron al tiempo de Buenos Aires/los mismos versos y las mismas diabluras." (*Fervor de Buenos Aires*, OC1: 22)

II

Todo esto que estamos viendo son principios ideológicos que crean sistemas ideológicos. Enfatizar en los textos el principio es un principio ideológico que, de alguna manera, se enfrenta con el texto que enfatiza el fin. Son dos actitudes ideológicas. Crear textos cíclicos o a-crónicos representa otra actitud ideológica que escamotea una historia que de todos modos se mete y sigue funcionando como lo existente negado.

Ahora, en las estructuras artísticas siempre existe, de manera mucho más marcada, la delimitación del mensaje mediante principio y fin. Ningún texto artístico puede ser valorado como modelo interpretativo del sistema enmarcado de él mismo —digamos—, como sistema emanado de él mismo. Para juzgar un texto artístico... —a pesar de todos los estragos que ha producido el Estructuralismo y sobre todo el Estructuralismo degradado por la escuela *universitas*, etc. [...]. Ningún texto artístico puede ser valorado como modelo interpretativo del sistema que emana del mismo texto y enmarcado por el principio y el fin del texto; no puede ser valorado de esa manera profundamente inmanentista.

De allí que el primer Formalismo Ruso ponía entre unos violentos paréntesis todo el problema de la valoración y de la valoración ideológica; atendía a los procedimientos, pero la valoración ideológica quedaba totalmente ausente. Es el segundo Formalismo el que empieza a comparar el sistema emanado del texto con otros sistemas que están en posición tangencial y aparece la noción de "serie". Las series paralelas que representan un avance hacia la valoración del modelo emanado del texto completada con una valoración comparativa con otros modelos. Es decir que el texto artístico se valora como encarnación concreta de un modelo abstracto: yo puedo valorar un texto como encarnación concreta de un modelo abstracto. Recuerden que uno de los postulados del Estructuralismo es: las estructuras se perciben en el nivel de abstracción, no en la superficie concreta de los textos. Se trabaja abstrayendo y creando modelos. Es decir, ésa puede ser una actitud. Pero sobre todo el texto se valora en relación con el mundo real al que está relacionado; el texto interviene como modelo respecto de ese mundo real; es decir, que si el texto está proponiendo un modelo estructural, también el texto está proponiendo un modelo de mundo.

Y bien: la obra de arte es un modelo finito, siempre es un modelo finito. ¿Por qué? Porque está encerrada entre las fronteras de principio y fin, es decir, es un corte espacial y temporal que actúa como modelo del mundo real, dentro de ese mundo real. Piensen ustedes en textos no artísticos que son modelizaciones pero tomados de algunos ejemplos que da Lotman: la guía telefónica es un modelo de mundo, es una ordenación del mundo, que tiene un principio y un fin: de la A a la Z. Dentro de esas dimensiones que son espaciales y temporales, yo propongo un modelo de mundo, la ordenación alfabética de nombres, y es un modelo de mundo. Piensen ustedes cómo eso ideológicamente puede ir hasta el peligro máximo y hasta la represión; piensen ustedes que en las épocas fuertemente represivas se impone como "legítimo", como "verdadero", "excluyente", un modelo de mundo, respecto de otros modelos de mundo; los modelos de mundo que no se ajustan a un sistema del mundo propuesto deben ser masacrados y aniquilados. Es el principio que actúa en las épocas represivas. Cuando se inventa "la guerra sucia", ¿qué se está queriendo decir? Tenemos que derribar a los que proponen un modelo diferente de este modelo de mundo. Son aberraciones que tratan de hacerse pasar como naturales, como si el modelo de mundo propuesto desde la autoridad represiva fuera —repito— el único lícito, natural, etc.

Y bien, entonces, todo texto artístico está proponiendo un modelo de mundo finito con esas categorías de principio y fin que están enmarcando un espacio y un tiempo y una ordenación determinada de un suceder. Insisto: las obras literarias también trabajan, y muy abundantemente, sobre las categorías de principio y de fin.

Pensemos en algunos casos que nos van acercando nuevamente a Borges. Por ejemplo, un caso fronterizo con la literatura, o para-literario, todavía exterior a la literatura: piensen en los casos de reinterpretación de hechos reales, por ejemplo, de biografías reales. Es posible leer, proponer una nueva biografía sobre una ya existente de acuerdo con un nuevo modelo, a veces un modelo que puede ser impuesto por otros textos, por toda esa textualidad exterior. Por ejemplo, yo puedo releer una biografía atribuyendo el modelo *poeta* al biografiado, caso de Borges. Borges relee a Carriego y lo inventa de acuerdo con el modelo de poeta; la biografía es, en este caso, la biografía de una persona real. La propuesta de Borges es la creación de una serie dentro del modelo que propone, que es el poeta que propone un modelo de mundo al que Borges va a seguir. Es decir, estratagema para inventarse su antecesor, como ya observamos en la clase anterior.

Borges lee a Carriego en una biografía muy taimada; porque hay momentos en que exhibe bastante desdén por Carriego, un hombre que tiene voluntad de compadrito, voluntad de argentino, etc., pero que es demasiado voluntarioso en ese sentido, en la imagen de Borges resulta el modelo de mundo que influye sobre él. Es decir, desandando la causalidad, inventa la causa de su *Fervor de Buenos Aires*, después de haber escrito *Fervor de Buenos Aires*.

En este sentido, ese recortarse sobre hechos reales, por ejemplo, en el caso concreto de la biografía, hace que se trabaje dentro de ese modelo finito que es el texto. ¿Por qué finito? Porque tiene un principio y porque tiene un fin; porque está enmarcado, o bien destacando el principio o bien destacando el fin, de acuerdo con la imagen de modelo que tenemos para proponer. Pero ese releer de hechos reales históricos es una manera de oponer nuevos modelos a los ya existentes acerca del devenir histórico. De alguna manera, se trata de corregir ideológicamente la historia. Y ¿qué otra cosa hace Borges en muchos de sus cuentos, sino la propuesta, la exhibición de cómo se corrige el proceso histórico en esos relatos fuertemente enmarcados con un principio y un fin donde propone esa corrección?

Borges corrige la historia continuamente. Ya hemos dicho: por un lado propone textos donde aparece lo cíclico, la repetición, el eterno retorno, la infinita biblioteca de Babel, donde se repiten incesantemente hasta el infinito los hexágonos, donde están distribuidos los textos, etc. Propone textos de a-cronicidad, pero al mismo tiempo propone una continua reelaboración ideológica de la historia, que es una corrrelación de la historia. Lo hace en ensayos y en relatos, continuamente. Por ejemplo, lo hace con biografías reales: Carriego, su lectura de Carriego, su invención de Carriego; también lo hace con biografías "reales", es decir de personajes que pertenecen al sistema de la literatura pero que se dan como reales y esa realidad que les otorga Borges tiene vigencia, precisamente, porque es corregida, enmendada.

Vuelvo a decir: o Borges está trabajando con hechos o personas reales y enmienda su biografía, propone un nuevo sistema de modelización de esa biografía, una nueva serie en la que los acontecimientos se reordenan de tal manera que se trabaja con una nueva serie y esa serie es una lectura ideológica de esa biografía; o bien trabaja con personajes que no son reales, que son ficticios como si fueran reales —generalmente, porque esos personajes han sido incorporados a ciertas formas de realidad, por ejemplo, porque la institución literaria les ha otorgado cierto peso de realidad, cierta aura ideológica que los vuelve como poderosamente reales.

Vamos a dar una serie de cuentos en los que Borges corrige biografías, que son muy interesantes porque están iluminando lo mismo que ilumina "Tema del traidor y del héroe": cómo se corrige la historia, cómo se opone a cierto modelo histórico otro modelo histórico fabricado por el que está trabajando dentro de ese mundo infinito y enmarcado por un principio y un fin; cómo propone un nuevo modelo —insisto.

Por ejemplo, piensen en el relato "El fin",[45] ¿qué hace el narrador? —no vamos a llamarlo Borges—. ¿Qué hace? Prolonga una biografía de un personaje "real", cuya realidad se asienta en la tradición y en la fuerza de la institución literaria; prolonga y corrige la biografía de Martín Fierro. Ahí tenemos el caso de un personaje ficticio, pero que tiene todo el peso de lo real —insisto, a riesgo de parecer maniático— que tiene toda una fuerza de la realidad otorgada por la tradición literaria y el peso de la institución literaria.

En este relato hay un personaje, Recabarren, dueño de una pulpería, paralítico, y que cuenta cómo asiste continuamente un negro a esa pulpería, que está esperando a alguien; ese "alguien" llega, y el negro que lo ve llegar lo reta a duelo. En ese momento, se produce la estratagema de revelar una de las sorpresas del relato: consiste en individualizar como Martín Fierro al personaje que llega. Se produce el duelo, el negro venga la muerte del hermano; Martín Fierro en el texto de *Martín Fierro* ha matado al hermano del negro, el negro mata a Martín Fierro, venga la muerte. En este caso, se corrige una historia "real" y se prolonga esa historia real, pero prolongarla es otorgarle un nuevo valor modelizador.

Es decir: proponer la prolongación de esa historia es incluirla en un nuevo sistema ideológico, sistema ideológico donde el motor que trabaja continuamente es la contradicción. Es decir, la intercambiabilidad de los opuestos. El héroe que pasa a ser traidor, el traidor que pasa a ser héroe; el cobarde que pasa a ser valiente, el valiente que pasa a ser cobarde. En efecto, en el final del relato, se dice: "Cumplida su tarea de justiciero, ahora era nadie. Mejor dicho era el otro: no tenía destino sobre la tierra y había matado a un hombre". (*Ficciones*, OC1: 521) Es decir, el vengador pasa a ser lo mismo que el vengado. Son dos imágenes indiscernibles en

[45] Primera edición: *La Nación*, Bs. As., 2ª sección, 11/10/1953, pág. 1; en volumen, en: *Ficciones*, a partir de la primera edición de las *Obras completas*, Bs. As.: Emecé, 1956.

esta teoría de los contrarios que intercambian continuamente sus papeles.

En otro relato, "El sur",[46] ¿qué se hace? Se narra cómo un personaje corrige su propia biografía: es el personaje el que corrige su biografía; es decir, se dramatiza la situación de corregir una biografía a partir del personaje protagonista del cuento. Es un cuento altamente perturbador, porque se borran las fronteras entre ese texto con principio y fin fuertemente marcados, que es el relato, y ese otro texto difuso y contradictorio, exterior al discurso que es la biografía de Borges. Es decir, este cuento puede leerse como el hecho de que el sujeto empírico Borges propone un relato en que un personaje corrige los hechos de su biografía, obedeciendo al ideal de la muerte heroica y como valiente, el ideal de morir en duelo con el compadrito. Podemos psicoanalíticamente trasladar esta operación de corregir la propia biografía al sujeto empírico Borges, que, en efecto, ha demostrado a través de los diversos sujetos textuales que aparecen en sus textos la nostalgia permanente de la acción, del valor y del ideal del compadre al que ha invitado a esa historia que fabrica Borges.

Cuando habla del tango, en uno de los poemas, Borges dice: "El tango crea un turbio/Pasado irreal que de algún modo es cierto,/ El recuerdo imposible de haber muerto/ Peleando en una esquina del suburbio."[47] La palabra signifi-

[46] Primera edición: *La Nación*, Bs. As., 2ª sección, 08/02/1953, pág. 1, ilustración de Alejandro Sirio; en volumen, en: *Ficciones*, a partir de la primera edición de las *Obras completas*, Bs. As.: Emecé, 1956.

[47] "El Tango", *El otro, el mismo*. (OC2: 267) En "Historia del Tango", Borges escribe: "... de mí confesaré que no suelo oír *El Marne* o *Don Juan* sin recordar con precisión un pasado apócrifo, a la vez estoico y orgiástico, en el que he desafiado y peleado para caer al fin, silencioso, en un oscuro duelo a cuchillo". (*Evaristo Carriego*, OC1: 162) "Historia del Tango" forma parte de los textos agregados en la segunda edición de *Evaristo Carriego* (Emecé, 1955, Volumen IV de las primeras *Obras completas*).

cativa es "recuerdo"; el que oye el tango recuerda una autobiografía imaginaria, cuyo ideal es el compadraje, la violencia, la acción, la lucha, etc.

En este cuento es perturbadora la coincidencia deliberada entre los hechos de la biografía real de Borges y la biografía imaginaria del personaje, que se llama Dahlmann. Dahlmann es secretario de una Biblioteca Municipal, como Borges lo fue en un momento dado. Dahlmann recibe una herida en la frente por una ventana que han dejado abierta, y enferma de septicemia; Borges enfermó largamente de septicemia, y la crítica psicologista-genética ha atribuido el paso de Borges del ensayo a la narración, a raíz de esa enfermedad de septicemia. Este Dahlmann es nieto de Francisco Flores que murió batallando con los indios, nombre que reproduce el de un abuelo de Borges. A la vez, es de origen germánico como su nombre lo indica, Dahlmann. Es decir, mezcla el linaje del valor, de la gesta y de la historia argentina con el linaje extranjero: Borges con sus dos linajes, el linaje anglosajón de la biblioteca, más la pasión por ciertas formas recortadas y refabricadas de la historia argentina.

Y bien. Este personaje, Dahlmann, convaleciente, salido del sanatorio, se va al campo, y en el momento en que se va a Constitución para irse al campo y toma un coche de plaza (lo cual nos está indicando una época) le hace decir al narrador una frase característica de aquel que está construyendo una historia, es decir creando una nueva serie. Dice el narrador cuando lo muestra a Dahlmann tomando un coche de plaza para ir a Constitución para tomar el tren para ir al campo: "A la realidad le gustan las simetrías y los leves anacronismos...". (*Ficciones*, OC1: 526) Es decir, el narrador reflexiona sobre la realidad como un modelo también hecho de simetrías y de anacronismos, al cual va a oponer él un nuevo modelo con nuevas simetrías y nuevos anacronismos.

Dahlmann llega entonces al almacén; en el almacén hay unos muchachones compadres que se empiezan a burlar de él, y entonces, en un momento dado, lo retan a duelo, y Dahlmann acepta el duelo *porque* corrige su biografía. Ante el riesgo de haber muerto decorosamente de una septicemia en un sanatorio, reemplaza el riesgo inminente de morir en manos de los compadres (nunca ha manejado un cuchillo), de morir en una muerte valiente entre compadres. El final del texto dice:

"Sintió, al atravesar el umbral, que morir en una pelea a cuchillo, a cielo abierto y acometiendo, hubiera sido una liberación para él, una felicidad y una fiesta, en la primera noche del sanatorio, cuando le clavaron la aguja." (*Ficciones*, OC1: 530)

La aguja que tendrá la posibilidad de muerte se reemplaza por el puñal; en esa noche habría sido una liberación morir bajo el puñal del combate. Ahora elige este tipo de muerte: "Sintió que si él, entonces, hubiera podido elegir o soñar su muerte, ésta es la muerte que hubiera elegido o soñado." (*Ficciones*, OC1: 530)

Entonces, dentro del marco creado por la historia, con este principio y fin ¿qué se propone? Un nuevo modelo histórico para esa historia particular que es el tramo de vida de Dahlmann.

Otro relato mucho más significativo en este sentido es un relato que está en *El Aleph*, y que se llama "La otra muerte".[48]

En "La otra muerte" aparece ese sempiterno narrador que aparece en tantos relatos de Borges que cuenta la historia y que se llama BORGES. Es decir, aparece un sujeto textual narrador que lleva el mismo nombre que el sujeto empírico Borges, y que reproduce dentro de la zona enmarcada del discurso literario las preocupaciones esenciales de ese sujeto cambiante, pero, de alguna manera, constante que es el contradictorio sujeto Borges. Este narrador Borges quiere

[48] En su primera versión, *La Nación*, 2ª sección, Bs. As., 09/01/1949, pág. 3, este relato se llamaba "La redención".

escribir una novela o un relato acerca de ciertos hechos de la historia argentina y, sobre todo, de la revolución de 1904 y las batallas libradas en Entre Ríos, y entonces se interesa por un tal Pedro Damián que acaba de morir por los años '40, en la estancia donde es puestero, aislado del mundo, y que intervino en la batalla de Masoller, acompañando a Aparicio Saravia, a las tropas de Aparicio Saravia. Y empieza a averiguar datos sobre Pedro Damián.

Entonces consulta por consejo de Emir Rodríguez Monegal —son esos cuentos donde aparecen constantemente personajes reales como integrantes de la trama narrativa— que le recomienda a un coronel Dionisio Tabares que intervino en la batalla de Masoller, en 1904. Dionisio Tabares recuerda a Pedro Damián, y recuerda que flaqueó en la pelea; murió como un cobarde, se asustó y murió como un cobarde. Borges se queda estupefacto (Damián vive), y además incómodo; acudía con una imagen ya pre-fabricada de Damián, del valiente en la batalla. Tiempo después vuelve a consultar a Dionisio Tabares que está con otra persona que también recuerda la batalla de Masoller, mencionan a Pedro Damián y Borges, muy incómodo, dice: "El argentino que flaqueó ante las balas". (*El Aleph*, OC1: 573) Tanto Tabares como el otro interlocutor se sorprenden porque Damián murió como un valiente: "Pedro Damián murió como querría morir cualquier hombre." (*El Aleph*, OC1: 573)

Por lo tanto, hay dos muertes de Damián, ¡no!, mejor dicho: *hay dos Damianes*, por el momento. El Damián cobarde, que murió en Entre Ríos, en el puesto solitario de la estancia, alejado del mundo, en 1946, probablemente rumiando su cobardía en la batalla; y el Damián que murió mucho tiempo antes, cuarenta años antes, en la batalla de Masoller, y como un valiente. El problema planteado es que hay dos biografías: una de las cuales evidentemente está corrigiendo a la otra biografía. ¿Qué ocurre entonces? El narrador se pone a hacer una serie de acontecimientos que se relacionan con esa cita que hicimos en la clase anterior, en que Borges está glosando a Santo Tomás de Aquino, es decir, el devenir histórico es una relación de causas a efectos, pero en la cual —dice Santo Tomás— las causas son en realidad efectos de otras causas. Es una concatenación infinita hasta que se llega a la Causa no contingente que es Dios, que ordena todo ese suceder. Borges, que no es Dios, propone nuevas series posibles, con otro tipo de concatenación de efectos que son en realidad causas y de causas que en realidad son efectos. En este caso, el narrador se pone a hacer una serie de consideraciones acerca de esta concatenación causa-efecto y dice:

"En la Suma Teológica se niega que Dios pueda hacer que lo pasado no haya sido, pero nada se dice de la intrincada concatenación de causas y efectos, que es tan vasta y tan íntima que acaso no cabría anular *un solo* hecho remoto, por insignificante que fuera, sin invalidar el presente." (*El Aleph*, OC1: 575)

El presente es resultado de esa concatenación de causas y efectos; Dios no puede hacer que lo pasado no haya sido, pero yo puedo leer de maneras distintas las concatenaciones de causas y efectos. "Modificar el pasado" —sigue diciendo el narrador— "no es modificar un solo hecho; es anular sus consecuencias". (*El Aleph*, OC1: 575) Es decir, es transformar el futuro; si pudiéramos modificar el pasado, la relación causa-efecto produciría nuevas series, absolutamente nuevas series. Concluye con una frase notable: "es crear dos historias universales". (*El Aleph*, OC1: 575)

Si yo modifico el pasado, la historia universal se transforma en otra cosa: operación ideológica y crítica. Yo puedo leer el pasado, creando series diferentes: operación constante en Borges. En este caso, ¿qué ha pasado? Ha pasado que Tabares recuerda dos historias universales. En una Pedro Damián es un cobarde que se murió en su cama, muerto de furia por el recuerdo de su propia cobardía. Tabares recuerda una historia universal; pero después Tabares recuerda otra historia universal, en que los hechos se concatenan de otra manera. Recuerda de nuevo que Damián no murió en 1946 sino en 1904 como un valiente en la batalla.

Como siempre el sujeto textual Borges ha construido

una nueva serie: rigurosa, minuciosa y precisa. Su gesto ideológico consiste en corregir la historia, en fraguar la posibilidad de que se pueda fabricar de nuevo la historia universal; pero a la vez, nuevo gesto ideológico, nihilista y anarquista, desvaloriza inmediatamente esa construcción rigurosa: esta construcción es mentira, no es verdadera. La verdad no está diseminada en ninguna parte.

III

Es el mismo procedimiento que hace Borges en "Nueva refutación del tiempo",[49] el importantísimo artículo final de *Otras inquisiciones*, donde traza toda la historia de las negaciones metafísicas: Berkeley, Hume, Schopenhauer.

Berkeley que niega la sucesión temporal y la existencia autónoma de la materia: la materia existe porque es percibida; cuando se la deja de percibir, deja de existir. La materia no tiene existencia autónoma, por lo tanto se niega el espacio. No hay un espacio donde exista una materia concreta. ¿Por qué tiene continuidad el mundo? Porque hay una conciencia superior que lo está contemplando todo, que es Dios, nuevamente, es decir, la presencia de la Divinidad. Si niega el espacio no puede haber distancia entre el percibir y el ser percibido, porque el ser percibido y el percibir son la misma cosa, la distancia espacial se anula. En efecto, la máxima del obispo Berkeley —obispo irlandés, de allí que aparezca el nombre de Berkeley en "La forma de la espada"—... la máxima de Berkeley es que el *esse* de la materia es *percipi*, es decir: el ser de la materia es ser percibida. Pero al afirmar la existencia de la Divinidad continua, está afirmando otra dimensión: la dimensión temporal, el tiempo.

Borges, siguiendo a Hume y a Schopenhauer, extrema

[49] Primera edición: *Nueva refutación del tiempo*, Bs. As.: Oportet et Haereses, 1947; en *Otras inquisiciones* a partir de la primera edición, 1952.

las negaciones y, negada la existencia de una Divinidad, "causa no contingente", ¿por qué vamos a suponer la existencia de una dimensión temporal en la que se acumulen las percepciones y se conglomeren alrededor de lo que llamamos un "yo", una personalidad? Sólo existe el instante de la percepción, y eso indica que dos instantes iguales no son dos instantes iguales: son el mismo instante. Los lectores que, en fervor presente se entregan a un verso de Shakespeare son, literalmente, Shakespeare, dice Borges.[50]

Y en *Fervor de Buenos Aires* le pide al lector que le perdone la impertinencia de haberle usurpado un verso porque: "Nuestras nadas poco difieren; es trivial y fortuita la circunstancia de que seas tú el lector de estos ejercicios, y yo su redactor". (*Fervor de Buenos Aires*, OC1: 15) En un momento dado de la lectura las nadas se convierten en lo mismo; así como el traidor y el héroe, el cobarde y el valiente, pueden ser lo mismo si fabricamos una aparente serie que los muestre como tales.

Y bien. Borges, que niega o construye nuevas series, al mismo tiempo siente el dolor y la rabia de saber que esas series son mentirosas; "rigor de ajedrecistas y no de ángeles", como dice en uno de sus textos. Y así, en el final del artículo de "Nueva refutación del tiempo", ocurre esa frase famosa. Después de haber construido, de haber hecho ese modelo de mundo, donde no existen ni tiempo, ni espacio, ni yo, ¿qué afirma Borges? El tiempo y el espacio como hechos reales que no se dejan disuadir por el rigor de ajedrecistas sino de ángeles. El famoso final dice: "*And yet,*

[50] Ver la nota 1 de "Tlön, Uqbar, Orbis Tertius", *Ficciones* (OC1: 438): "Todos los hombres que repiten una línea de Shakespeare, *son* William Shakespeare." El cuento se publicó primero en: *Sur*, número 68, 03/1940, págs. 30-46, luego en *El jardín de senderos que se bifurcan, op. cit.*; en *Ficciones* a partir de la primera edición. En "La forma de la espada", el inglés afirma: "Acaso Schopenhauer tiene razón: yo soy los otros, cualquier hombre es todos los hombres, Shakespeare es de algún modo el miserable John Vincent Moon". (OC1: 494)

and yet..." —y sin embargo, y sin embargo—. "Negar la sucesión temporal, negar el yo, negar el universo astronómico, son desesperaciones aparentes y consuelos secretos." —Es decir, consolarse ante la posibilidad de negar la realidad que sigue existiendo:— "Nuestro destino (a diferencia del infierno de Swedenborg y del infierno de la mitología tibetana) no es espantoso por irreal; es espantoso porque es irreversible y de hierro." Y el final: "El mundo, desgraciadamente, es real; yo, desgraciadamente, soy Borges". (*Otras inquisiciones*, OC2: 149)

Es decir, esa actitud constante de Borges, en un final absolutamente estremecedor. Este nihilismo ideológico que destruye la historia, destruye los procesos históricos, crea, con rigor de ajedrecista y no de ángel, nuevas series, desbarata las series inmediatamente y las declara falsas frente a ese orden real irreversible y de hierro.

Hay un cuento fenomenal en ese sentido que es "El inmortal",[51] es decir el cuento donde se narra la existencia de una ciudad de los inmortales donde hay un río que otorga la inmortalidad. El personaje va a buscar el agua de ese río, la bebe, adquiere la inmortalidad y descubre que la inmortalidad es una atrocidad, porque lo único valioso que tienen los instantes de la vida humana es que son irrepetibles; ninguno va a ser igual al otro y cada uno es precioso por único e intransferible. Vuelve a beber las aguas de otro río que devuelven la mortalidad. De repente aparece una serie de narradores que leen ese texto —la presencia del lector decodificador es fundamental en toda la literatura de Borges—, que empiezan a leer ese texto, donde observan repeticiones, citas de otros textos no individualizadas, superposiciones, etc., y se

[51] En su primera edición, en la revista *Anales de Buenos Aires*, Bs. As., año 2, número 12, 02/1947, págs. 29-39, el cuento se llamaba: "Los inmortales" y se publicó con ilustraciones de Amanda Molina Vedia; en volumen, bajo el título de "El inmortal", en *El Aleph*, a partir de la primera edición.

dan cuenta que el narrador ha sido Homero, que ha repetido una y otra vez textos citados, textos absorbidos, textos, etc. Toda esa construcción termina en esta declaración: "Palabras, palabras desplazadas y mutiladas, palabras de otros, fue la pobre limosna que le dejaron las horas y los siglos". (*El Aleph*, OC1: 544) Todo el rigor de la construcción se desbarata y se derrumba. Doble articulación constante en los textos de Borges.

Al final del relato "La otra muerte", donde se proponen las dos historias universales y el recuerdo de ambas historias universales, el narrador (Borges) desvaloriza esta nueva serie inventada, es decir: este personaje que en su lecho de muerte en Entre Ríos, rememora la batalla y vuelve a morir por segunda vez, ahora como un valiente. Esta nueva serie inventada es, con el gesto típico de la lógica de la contradicción borgeana, inmediatamente desvalorizada como serie inventada. El narrador dice: "He adivinado y registrado un proceso no accesible a los hombres, una suerte de escándalo de la razón..."(*El Aleph*, OC1: 575) Inmediatamente se proyecta esta frase sobre "Tema del traidor y del héroe" y la frase "Que la historia hubiera copiado a la historia ya era suficientemente pasmoso; que la historia copie a la literatura es inconcebible". (*Ficciones*, OC1:497) Es decir, ideológicamente se valora la propia construcción como inexistente, falsa, de nuevo, insisto, glosando al propio Borges, como rigor de ajedrecistas y no de ángeles.

Más aún: el narrador se pregunta sobre la posibilidad de que haya existido o no Pedro Damián; probablemente fuera invención de él mismo; lo indicaría el nombre mismo de Pedro Damián, que aludiría a Pier Damiani, autor de teorías acerca del devenir histórico. Y el cuento termina de una manera semejante al final de "El inmortal": palabras y palabras son la pobre limosna que le dejaron los siglos a ese Homero múltiple que es el personaje de "El inmortal". En este caso, el narrador dice de sí mismo: "creeré haber fabricado un cuento fantástico y habré historiado un hecho real..." (*El Aleph*, OC1: 575)

Fíjense ustedes cómo la lógica de las contradicciones le hace asumir una y otra posición: esto que he narrado es pura invención, Pedro Damián quizá ni haya existido, y quizás su nombre me haya sido sugerido por las teorías y la existencia de Pier Damiani, pero, por otro lado, también yo puedo equivocarme, puedo haber creído que he inventado un cuento fantástico y habré historiado un hecho real. La historia y la literatura intercambian continuamente sus papeles y se desvalorizan mutuamente; el gesto ideológico borgeano es destruir paradigmas epistemológicos de conocimiento. Los paradigmas epistemológicos están hechos para ser destruidos, transformados, alterados, reemplazados incesantemente. No hay sentido último, ni definitivo.

Volviendo a "La forma de la espada" y "Tema del traidor y del héroe", las estructuras narrativas del relato están jugando con estas categorías de principio y de fin, enmarcan poderosamente el relato para crear esta superposición de series que se reemplazan una a la otra, es decir, la serie en que Kilpatrick es traidor y es héroe, y la serie en que John Vincent Moon es héroe y traidor, es el que denuncia y no la víctima denunciada. Son las estructuras, los procedimientos —como dirían los Formalistas Rusos— los que enmarcan fuertemente el relato para crear esta suerte de conflicto ideológico.

En "La forma de la espada", ¿qué existe? Existe la superposición de narradores, que marcan principio y final. En el principio, dos narradores: ese narrador llamado Borges, que presenta al inglés de "La Colorada" que toma la palabra y se vuelve narrador. El principio está marcado por una superposición de narradores; la historia misma —es decir, la historia narrada por el supuesto testigo de hechos que resulta ser el protagonista traidor—, la historia narrada está enmarcada al final por un desenmascaramiento: este segundo narrador es el que ha reunido los dos papeles en su relato y se desenmascara.

Como dijimos en la clase anterior, el desenmascaramiento no deja de sorprender por obvio que sea en la relectura; la cicatriz que le rubrica la cara está indicando de entrada, diciendo el final. Es la estrategia narrativa la que nos hace olvidar ese dato poderoso dado al principio. De manera tal que existe esta superposición de narradores en el principio y en el final. Les digo que hay superposición de narradores en este sentido: en el principio, un narrador que cede la palabra al otro; el otro narrador que empieza un relato en el cual coinciden sujeto de la enunciación y sujeto del enunciado. El inglés de "La Colorada", ¿de qué está hablando? No de otro, de él. *El sujeto de la enunciación es el sujeto del enunciado.* De manera tal que la duplicidad vuelve a darse dentro de lo narrado por el segundo narrador. Esta vez no entre narradores sino mediante la coincidencia del sujeto de la enunciación y del sujeto del enunciado; pero la estratagema del procedimiento parecería consistir en que el sujeto de la enunciación habla de otro que es el sujeto del enunciado. La revelación final es que el sujeto del enunciado y el de la enunciación coinciden. Duplicidad en el marco del principio, duplicidad en el marco del final. Reelaboración de una biografía: el que se presenta como héroe, se denuncia como traidor. Dos series: corrección ética de un biografía.

Ambos relatos, entonces, exhiben procedimientos que se cargan fuertemente de valoración ideológica. Tanto "La forma de la espada" como "Tema del traidor y del héroe". Ahora bien, esa valoración ideológica está recortada siempre o contra formas de conocimiento (es decir contra paradigmas epistemológicos) o contra convenciones y normas narrativas institucionalizadas.

Estos dos relatos fuertemente enmarcados —vuelvo a insistir— se caracterizan por recortarse agresivamente contra formas paradigmáticas epistemológicas o narrativas: la filosofía, como vamos a ver en el caso de "Tema del traidor y del héroe", la metafísica, ciertas teorías filosóficas, la teoría de los ciclos, etc., que son desvirtuadas. "La forma de la espada" se recorta contra formas normativas, en el sentido mukarovskyano, contra normas valorizadas como "verdaderas" por la institución literaria; normas que son violentadas y burladas. Es decir, hay el ataque, la agresión contra esa *taimada* superposición de sujeto de la enunciación y sujeto del enunciado.

En un caso es, entonces, la convención narrativa la que es violentada; se juega con ella para violentarla. En el otro caso se juega contra toda una suerte de paradigmas epistemológicos citados, mencionados en el texto para desvirtuarlos. En ese sentido, estos textos son textos, en doble sentido, de la conspiración: conspiran contra tradiciones y normas narrativas; conspiran contra la vigencia de paradigmas epistemológicos. La conspiración es doble. Se narra una conspiración en un texto que conspira contra las normas narrativas. De allí que se revaloricen las relaciones entre historia y literatura. La literatura enfrenta a la historia, modifica a la historia, le opone otra serie, pero también la literatura se deja vencer por la historia. La literatura es falsa ante la historia que, al mismo tiempo, es declarada falsa por la literatura. Falsa o reemplazable por la literatura. Dicho de otra manera, la conspiración del texto crea la historia de una conspiración que son todos los textos literarios, todos los textos literarios conspiran contra sistemas fijados, establecidos, institucionalizados.

En este sentido, "Tema del traidor y del héroe" avanza todavía más respecto de "La forma de la espada"; porque si "La forma de la espada" se recorta contra las convenciones narrativas y crea esa duplicidad de narradores, al principio, que prepara a una duplicidad falsa de sujeto de la enunciación y sujeto del enunciado, el sujeto de la enunciación y el del enunciado coinciden e intercambian sus roles constantemente. En "Tema del traidor y del héroe" aparecen —digamos— exhibidas las trampas y los intereses situados detrás del conocimiento tanto empírico como hermenéutico. Es decir, las formas del conocimiento empírico, las formas del conocimiento hermenéutico, surgidas a través de sistemas tales como la filosofía, por ejemplo, son declaradas trampas y enmascaradoras de intereses. Frente a esos intereses se exhiben nuevos intereses; se propone un nuevo suceder histórico, donde funciona otro tipo de intereses.

En efecto, fíjense ustedes que la ficción de Borges siempre exhibe. En este sentido: como paradigmas epistemológicos, paradigmas discutibles, intencionales, parciales, tanto en la busca del sentido como en el intento de una reconstrucción arqueológica de un suceder. Todos los paradigmas que intervienen para dar sentido a un suceder y para reconstruirlo arqueológicamente, se declaran transitorios, reemplazables, momentáneos, es decir, no tienen una verdad permanente. En este sentido, Borges se anticipa a ciertas tendencias ideológicas, tanto en la ciencia como en la tecnología, como en las ciencias interpretativas. Por ejemplo al ver tanto la ciencia como la tecnología, como las ciencias interpretativas como sistemas ideológicos; es el caso de Habermas: toda ciencia tiene una posición ideológica. O el juego de los discursos de poder de Foucault. ¿Qué están exhibiendo anticipadamente los textos de Borges sino el juego de discursos de poder que posibilitan la aparición de determinadas reglas de discurso frente a la censura o represión de otras determinadas formas, napas o formaciones de discursos?

De alguna manera, Borges es un pre-foucaultiano y un pre-habermasiano en este sentido: el de la carga ideológica que da al juego interdiscursivo. Piensen ustedes que no en vano Foucault, en *Las palabras y las cosas*,[52] una de sus primeras obras, se queda deslumbrado ante la clasificación del mundo que propone la enciclopedia china. ¿Por qué? Porque esa clasificación arbitraria desde el punto de vista de los discursos de poder que fijan pautas de modificación del mundo, como diría Lotman, es un escándalo de la razón. Dinamita todos los discursos existentes y las posibilidades de discurso existentes.

Aunque ustedes la recordarán muy bien, no puedo re-

[52] Michel Foucault: *Las palabras y las cosas*, México: Siglo XXI, 1968.

sistir la tentación de releer la clasificación propuesta en la enciclopedia china *citada* por Borges que supone el escándalo de la razón y la formación de un tipo de discurso que desafía todos los juegos de discurso del poder existente. Esa clasificación está en "El idioma analítico de John Wilkins" (*Otras inquisiciones*). Ahí se propone a través de un idioma la reclasificación del mundo de los animales; en este texto está examinando el lenguaje analítico de John Wilkins que se propone un sistema —no dicho en estos términos lotmanianos—, un lenguaje que es una remodelización secundaria del mundo hecho con criterios diferentes que las pautas del lenguaje habitual.

Wilkins divide las categorías de las piedras, reclasifica las categorías de las piedras, de los animales, etc. Leo:

"Esas ambigüedades, redundancias y deficiencias recuerdan las que el doctor Franz Kuhn atribuye a cierta enciclopedia china que se titula *Emporio celestial de conocimientos benévolos*. En sus remotas páginas está escrito que los animales" —y ahora aparece la serie escandalosa que propone un discurso que se enfrenta a todos los discursos del poder, entendiendo por discursos del poder aquellos que son lícitos de acuerdo con la pugna interdiscursiva que es para Foucault la modelización del mundo, para el primer Foucault por lo menos—... "En sus remotas páginas está escrito que los animales se dividen en (a) pertenecientes al Emperador, (b) embalsamados, (c) amaestrados, (d) lechones, (e) sirenas, (f) fabulosos, (g) perros sueltos, (h)" —ya ahora viene el ítem más escandaloso de toda la clasificación— "(h) incluidos en esta clasificación..." —es decir, hay una categoría que son los animales incluidos en esta clasificación—, "(i) que se agitan como locos, (j) innumerables" —que borra aun esta loca clasificación propuesta—, "(k) dibujados con un pincel finísimo de pelo de camello, (l) etcétera, (m) que acaban de romper el jarrón, (n) que de lejos parecen moscas." (*Otras inquisiciones*, OC2: 86)

Es decir que esta suerte de delirio que de alguna manera motivó la pugna antidiscursiva de Michel Foucault ha creado una serie que desafía todas las series existentes y posibles. Es decir, un tipo de discurso que dinamita todos los criterios epistemológicos para modelizar un mundo. ¿Comprenden ustedes? No en vano esto ejerció tal deslumbramiento sobre el primer Foucault de *Las palabras y las cosas*.

En este sentido, al exhibir paradigmas epistemológicos que son descartados, dinamitados, el nihilista Borges, el que hace ese gesto ideológico, se propone textos que, en definitiva, son didácticos, aunque a Borges probablemente lo enfurecería la atribución de una intención didáctica a sus textos. Pero, en realidad, son textos didácticos. ¿Por qué? Porque destruyen todos los marcos epistemológicos, destruyen los discursos del poder —vuelvo a insistir— en un caso como manipulación agresiva de las técnicas narrativas, de las estructuras narrativas tradicionales; en otro caso, por exhibición de actitudes epistemológicas. Destruyen para instruir en una forma de actividad y lectura; en este sentido son didácticos. Destruyen para instruir acerca de la transitoriedad de la supuesta estabilidad de los sistemas epistemológicos.

En este sentido, los textos son subversivos y didácticos a la vez. Es decir, Borges ejercería una especie de aristrocraticismo subversivo y didáctico a la manera de un Theodor Adorno, por ejemplo. Adorno, autor nunca citado por Borges y probablemente nunca leído por Borges, de alguna manera, se reúne con ese Borges terriblemente desdeñoso que en aquella frase del artículo, ya citado, "Valéry como símbolo", en que contrapone a Whitman el vitalista con Valéry el lúcido pensador, propone esa tabla rasa que parece un remedo de la enciclopedia china donde aparecen en el mismo nivel y equiparados nazismo, materialismo dialéctico, los augures de la secta de Freud, los mercachifles del *surréalisme*, etc.; donde propone una suerte de escandalosa nivelización de sistemas ideológicos, hermenéuticos y epistémicos para entender el mundo. En este sentido, ese aristocraticismo violentamente subversivo y profundamente incómodo para ciertas lecturas ideológicas de Borges se reuniría con cierta línea de Adorno que también, por ejemplo, en su lectura del surrealismo, leyó al surrealismo como un proceso de masificación y de cosificación y de reducción a mercancía del viejo sueño surrealista de otorgar libertad al deseo y de crear una sociedad poética.

Bien. *Didácticos* porque quieren, en definitiva, enseñar a leer cuestionando las relaciones habituales entre práctica discursiva y realidad; están cuestionando esas relaciones entre práctica discursiva y realidad, por un lado. *Didácticos* porque también se oponen a las formas institucionalizadas de entender o de ver la realidad. *Didácticos,* para usar un lenguaje "marxiano", porque están exponiendo un conflicto que existe entre las formas institucionalizadas de las superestructuras. En las superestructuras existen formas que se institucionalizan y se disputan la verdad; Borges ataca esa relación interdiscursiva de esas formas congeladas y fijadas en la superestructura "marxiana", en el juego de la superestructura. Desde luego, es mucho más difícil percibir, y se ha intentado hacer con desigual fortuna, el juego entre base y superestructura en la literatura de Borges.

Su *didactismo,* en definitiva, consistiría en mostrar la literatura como procedimiento, pero, a la vez, en mostrar el procedimiento como una forma de vehiculizar sistemas ideológicos. Esa exaltación del procedimiento supone también una degradación del procedimiento. Es decir, analógicamente correspondería a la exhibición de los paradigmas epistemológicos que son inmediatamente descartados por la posibilidad de emergencia de nuevos paradigmas epistemológicos que son a su vez descartados y de los cuales no quedan más que palabras, en definitiva.

Fíjense que "Tema del traidor y del héroe" se exhibe precisamente así, como una muestra, un *interplay,* un juego constante de paradigmas interpretativos. La filosofía y la ciencia, como imágenes del mundo; la literatura como un espacio que absorbe los discursos de la ciencia y de la filosofía, espacio donde esos sistemas propuestos por la ciencia y la filosofía son declarados transitorios, caducos, discutibles y reemplazables. De allí que la literatura aparezca en Borges como un espacio privilegiado para mostrar los conflictos ideológicos entre los paradigmas de ciertas superestructuras. Y de allí que Borges también utilice, no solamente la vastedad del espacio literario, sino también que dé otro gesto ideológico: la utilización de ciertos sub-géneros considerados en un nivel de inferioridad jerárquica dentro del espacio literario, por lo menos en su momento. La revaloración del género policial y la utilización ideológica del género policial, sub-género marginal respecto de la alta literatura que en Borges aparece continuamente revalorado; y por revalorado entiendo re-utilizado, deformado, violado; transgredido, en definitiva.

Piensen en la línea de todos los cuentos "policiales" de Borges: "La muerte y la brújula", "Emma Zunz", etc. Piensen ustedes que las dos citas que aparecen en el primer párrafo de "Tema del traidor y del héroe" vienen de la filosofía del "consejero áulico Leibniz" (*Ficciones*, OC1: 496), e inmediatamente funcionan en el receptor, el lector, todas las teorías leibnizianas acerca del doble juego de incomunicación y comunicación que son las mónadas leibnizianas, las mónadas que están en una situación especial de reflejo respecto del universo, y que tienen un tipo de comunicación harto especial entre sí, esas mónadas autosuficientes. La filosofía por un lado, y, por el otro lado, el sub-género policial, los elegantes laberintos (o algo así) de Chesterton "discurridor y exornador de elegantes misterios" (*Ficciones*, OC1: 496).

Fíjense cómo empieza "Tema del traidor y del héroe":

"Bajo el notorio influjo de Chesterton (discurridor y exornador de elegantes misterios) y del consejero áulico Leibniz (que inventó la armonía preestablecida), he imaginado este argumento..." (*Ficciones*, OC1: 496)

Es decir que viene de la filosofía y que viene del subgénero policial para proponer una nueva serie que desbarata tanto la filosofía como la validez institucional del género policial. Ambos son procedimientos para exhibir didácticamente paradigmas que son desestimados. De allí que todo "Tema del traidor y del héroe" [...] se propone una biografía corrigiendo la biografía real y ofreciéndola como texto para ser desentrañado de tal manera y no de otra manera. De allí que ese texto esté hecho sobre la base de un tramado de citas; de citas de sistemas epistemológicos absorbidos por la literatura. Además, ese texto que cita continuamente paradigmas de interpretación y paradigmas epistemológicos está haciendo continuas guiñadas a otros textos, remitiéndose a otros textos, es decir, está creando una trama, una conspiración literaria entre textos.

En especial, hay un texto al cual hace una poderosa guiñada. Es un texto al cual se ha referido mucho el sujeto Borges y que es el *Ulises*, de Joyce, texto del que ha dicho tantas veces que nunca ha leído completamente y que cree que nadie haya leído del todo completamente, pero que le permite elaborar una serie de series y teorías acerca de ese tipo de discurso que es el texto de Joyce.

IV

El texto cita a la filosofía, cita a la literatura, cita a las matemáticas, en el espacio de la literatura —repito—, que las absorbe, y desde ese espacio se remite a otro tipo de textos.

Por empezar, comienza con un epígrafe de Yeats, de W. B. Yeats, un fragmento del largo poema de Yeats que está en el libro *The Tower* (*La torre*). Generalmente, Borges nunca indica del todo las citas, no dice que en realidad estos versos pertenecen a un poema que se llama "1919", y que está en un libro de Yeats que se llama *La torre*, es decir, cita como si fuera un fragmento de un poema llamado *La torre*. ¿A qué está aludiendo? A todas las propuestas que la filosofía va a hacer desde el otro lado en el interior del texto; es decir, lo cíclico, lo a-histórico, la repetición. Este texto que se recorta contra una conspiración histórica propone una continuidad de la serie inventada por el texto que se repetirá cíclicamente: así como Kilpatrick morirá en el teatro de acuerdo con la trama creada, Lincoln también morirá en un teatro, repitiendo series que vienen desde la filosofía y que vienen desde la literatura.

Por si no han traducido la cita de Yeats, vamos a proponerles una traducción para ver el sentido:

"So the Platonic Year
Whirls out new right and wrong,"

"Así el año platónico
Irradia al girar nuevos aciertos y desaciertos"

"Whirls out": "to whirl" es girar, pero "to whirl out" es "al girar, despedir", es decir como en un movimiento centrífugo; sabemos que si una rueda gira, por la fuerza centrífuga expele cosas.

"Whirls in the old instead": "En cambio absorbe lo viejo;"

Esos movimientos centrífugos y centrípetos coinciden; irradia lo que parecen nuevos aciertos y desaciertos: "right and wrong"; pero en realidad, absorben lo viejo, cíclicamente.

"All men are dancers and their tread
Goes to the barbarous clangour of a gong."

"Todos los hombres son danzarines y su paso (their tread)
Sigue el resonar de un gong bárbaro." (*Ficciones*, OC1: 496)

Es decir, el devenir humano se ve como una especie de danza donde se repiten cíclicamente los mismos acontecimientos. Epígrafe que nos remite al epígrafe de "El inmortal": "Solomon saith..." — "Salomon dijo: *No hay nada nuevo bajo el sol*. Platón dijo lo mismo, de tal manera que todo recuerdo no es sino olvido".[53] Recordamos como nuevo lo que hemos olvidado que ya sucedió.

Y bien, este poema de Yeats curiosamente, a pesar de que está retomando la teoría filosófica o cuasi-filosófica de los ciclos, se recorta o está inspirado por una figura real, una figura del siglo XIX, que era la bailarina norteamericana Loïe Fuller, que después se trasladó a París, fundó una escuela en París, y que aparece en los *posters* Art Nouveau de comienzos del siglo XX. Era una mujer que bailaba con largos velos, que hacía girar y serpentear en el aire; las figuras de la danza, los velos que se movían repetían cíclicamente las mismas figuras. Fíjense en libros sobre el Art Nouveau, las reproducciones de los posters de Loïe Fuller que son además muy característicos y muy lindos. Yeats —repito— utiliza ese recuerdo —que Borges borra y suprime— para encabezar su relato con la mención de lo cíclico, lo repetitivo, lo a-crónico, para referirse a la corrección de un suceder histórico, es decir, para la corrección de un proceso histórico en definitiva. La bailarina Loïe Fuller nació en 1862 y murió en 1928; y esa danza que bailaba se llamaba "La danza serpentina".

Yeats reaparece —no estos versos, pero, la mención de Yeats— en el primer capítulo del *Ulises* de Joyce. Ustedes recuerdan que en el primer capítulo, hay una serie de elementos a los cuales les está haciendo una guiñada "Tema del traidor y del héroe". Por empezar, los dos personajes del primer capítulo, que son los dos personajes principales del *Ulises*, Stephen y Buck Mulligan, conversan en este primer capítulo y mencionan reiteradamente al héroe de una leyen-

[53] El epígrafe está en inglés: "Solomon saith: *There is no new thing upon the earth*. So as Plato had an imagination, *that all knowledge was but remembrance; so Solomon giveth his sentence, that all novelty is but oblivion*." (*El Aleph*, OC1: 533)

da irlandesa que se llama Fergus; es decir, el mismo nombre del personaje de "Tema del traidor y del héroe". Y, a propósito de Fergus, citan un poema de Yeats que se llama "La canción de Fergus". Fíjense entonces que el epígrafe le hace una guiñada al texto de Borges, el texto de Borges le hace una guiñada al texto *Ulises;* los dos textos crean una especie de trama o de trenza entre sí.

Los versos de Yeats que citan los dos personajes de Joyce al comienzo del *Ulises* dicen:

> "Y no más arrinconarse y cavilar
> Sobre el amargo misterio del amor
> Porque Fergus maneja un carro de bronce."

Es decir, Fergus es el personaje de la leyenda irlandesa que es una suerte de figura que emerge de los tiempos y es poderoso ante las vicisitudes y transitoriedades, en la decepción amorosa, etc. Es curioso, además, que el personaje Stephen, que conversa con Buck Mulligan, es un obsesionado por Shakespeare; piensen qué activa parte la literatura de Shakespeare tiene en la conformación del complot, de la conspiración para convertir al traidor en héroe, tanto en *Julio César* como en *Macbeth;* aparecen como parte muy activa. Este personaje, Stephen —que tiene una obsesión con Shakespeare, con *Hamlet*, con *Macbeth*, sobre todo con *Hamlet*— pensaba —dice el texto—, mediante el álgebra, que el nieto de Hamlet y él mismo eran el espectro de su propio padre. Es decir, hacía un razonamiento algebraico para demostrar que Hamlet y él mismo eran el espectro de su propio padre. Es decir: fundían identidades.

Es decir que los textos se hacen guiñadas mutuas, apuntando siempre a esa a-cronicidad de lo cíclico. Y fíjense que todos los autores citados en el texto y absorbidos por la literatura, Hegel, Spengler y Vico, todos están trabajando con la idea de las repeticiones cíclicas.

Es decir: Hegel mediante esa creencia en un espíritu universal al que se asciende gradualmente; Spengler por la teoría de los ciclos que sostiene que cada cultura pasa de etapas que van de la juventud a la vejez, de la vejez a la muerte, y que se reanudan esos ciclos; Giambattista Vico, que trabaja con otra visión de la interpretación cíclica de la civilización —sobre todo Vico, que influyó notablemente en este texto con el cual está dialogando el texto de "Tema del traidor y del héroe". Entre los textos de Joyce, especialmente con el *Finnegan's Wake*. Todo *Finnegan's Wake* está construyéndose sobre una base de ciclos que se desenvuelven en espiral, con la creencia de que el mito recurrente es una expresión de capas profundas de la cultura que van resurgiendo y reproduciéndose cíclicamente. Todo eso unido a las teorías matemáticas de Condorcet, en el libro *Esquisse d'un tableau historique des progrès de l'esprit humain* (es decir: *Esbozo de un cuadro histórico de los progresos del espíritu humano*), donde elabora con razonamientos de tipo matemático una teoría del desarrollo humano a través de una serie de épocas que históricamente culminarían en la revolución francesa. Es decir: utiliza razonamientos de tipo matemático para mostrar de nuevo una historia de la ciclicidad, de la evolución de la ciclicidad.

Les repito: todo esto ya está desde el comienzo del texto, esa exhibición mediante la mención de nombres, está absorbido por un espacio literario, un espacio literario donde Leibniz, el consejero áulico, está al lado de los elegantes misterios elaborados por Chesterton. Alusión de segundo grado a la literatura a través de Chesterton, la literatura absorbe los paradigmas científicos y filosóficos, los exhibe, los transforma, los discute, los destruye.

Piensen ustedes que Borges desde sus primeros trabajos se interesó muchísimo por el subgénero policial y, sobre todo, por las propuestas del género policial, a través de la literatura de Chesterton. En la revista *Sur*, en 1935, en el número 10, hay un artículo que se llama "Los laberintos policiales y Chesterton" (págs. 92-94); y en ese artículo Borges formula seis preceptos acerca del género policial deducidos de Chesterton, de la literatura de Chesterton, sobre todo tomados de la obra de Chesterton *El escándalo del Padre Brown.*[54] Y esos seis preceptos son, para Borges, los siguientes:

"1) Un límite discrecional de seis personajes."

Es decir, pocos personajes para que se pueda manejar con habilidad la trama, el texto como conspiración.

"2) Declaración de todos los términos del problema."

El género policial, a diferencia de la adivinanza, sería un género no tramposo. ¿Por qué? Porque da todos los elementos al lector para que desentrañe el enigma pero sin trampear: los elementos están ahí. La habilidad del narrador del género policial consiste en hacer que se demore la solución del enigma, sin trampear, a diferencia de la adivinanza que es tramposa. Por ejemplo, la adivinanza trampea muchas veces porque al ser formulada lingüísticamente hace una pregunta que ya contiene la respuesta en su interior, en ese sentido, es una trampa; o porque encamina hacia un falso lado arteramente, mientras que el género policial es un juego limpio. Sobre todo, el género policial contra el cual está recortándose Borges, que es el de la tradición anglosajona: la novela de enigma. Es decir, la novela que es retrospectiva en el sentido de que narra un suceder para reconstruir algo que ya ocurrió: una muerte.

En este sentido, Todorov cuando expone esta manera de proceder de la novela policial, retrospectiva porque va hacia el enigma, lo que ya ocurrió, compara la distinción entre "fable" y "siuzet" de los Formalistas Rusos. La superficie textual ofrece una concatenación de hechos pero que remiten a una historia que está más allá del texto. Eso a diferencia del otro tipo de novela policial, que sería la novela policial

[54]En este artículo, a pesar de que afirma que sus reflexiones se inspiran del último libro de Chesterton, *The Scandal of Father Brown*, Borges retoma parcialmente lo expuesto en "Leyes de la narración policial", *Hoy Argentina*, año 1, número 2, págs. 48-49, abril de 1933. Sobre la relación entre los dos artículos, ver: Annick Louis: "Erratas y variantes en dos textos de Borges sobre el policial", Mimeo, 1998.

de la serie negra de suspenso y violencia norteamericana, la de Chandler, etc., que es siempre prospectiva; es decir, se va hacia adelante, la acción supone la contaminación del detective que se tiene que meter en la suciedad del acontecer para descubrir el enigma. La novela de enigma va hacia atrás, retrospectiva; la de acción es prospectiva.

"3) Avara economía de medios."

Es decir, tramas rigurosas y económicas.

"4) Primacía del cómo sobre el quién."

El procedimiento narrativo es absolutamente fundamental. El texto consiste en procedimiento.

"5) El pudor de la muerte."

En la novela clásica anglosajona no se muestra realistamente (o realísticamente) la muerte; y la muerte es precisamente lo que nuclea el enigma.

Y por fin: "6) Necesidad y maravilla de la solución."

La solución es absolutamente necesaria: todo ha sido planeado para llegar a esa solución y no a otra. Pero esa necesariedad no excluye la sorpresa y la maravilla.

Todos los relatos de Borges, policiales y no policiales, están trabajando sobre la base de estos preceptos que está extrayendo de ese sub-género policial, de ese sub-género literario situado en el espacio literario que absorbe marcos epistémicos discutidos.

Clase 17 (9 de junio de 1988)

Vamos a resumir algunos puntos de los que hemos tratado a propósito del relato de Borges "Tema del traidor y del héroe", antes de entrar en el relato de Faulkner, "Una rosa para Emily".

Hemos visto que en ese modelo de mundo fuertemente enmarcado por la categoría de principio y la categoría de fin, según la terminología de Lotman, que son los relatos de Borges a que nos hemos referido en estas clases. Hemos visto que en ese modelo de mundo enmarcado por esas dos categorías, el narrador propone una nueva serie de acontecimientos que corrigen series anteriores, es decir, el narrador reemplaza una serie histórica "real", asumida como "real", por otra serie que la modifica. Por otro lado, esa nueva serie en el resto de la literatura de Borges también es o modificada, o alterada, o desautorizada. Es decir que el mecanismo de afirmación o de negación —como habíamos visto en esta suerte de lógica de la contradicción que es la literatura borgeana— es constante. Es constante sobre la base de esa doble operación de la afirmación y de la negación de los procesos históricos. Los procesos históricos son negados, modificados, alterados, reemplazados por otros procesos históricos, que, a la vez, son desautorizados y desbaratados. En este sentido, se afirma siempre la irrealidad del mundo o la posibilidad de transformar en otra realidad la realidad del mundo y al mismo tiempo también la irrealidad de la serie.

I

Con este método que hemos seguido, de ir partiendo del relato para remitir a otros textos de Borges, dos citas nos van a permitir ver cómo se reafirma continuamente en la literatura borgeana este proceso de negación de los procesos históricos para reemplazarlos por nuevas series históricas que el texto propone y, a la vez, la transitoriedad de esas series nuevas. Por un lado, afirmación de la realidad de la nueva serie propuesta pero también afirmación de la irrealidad de la nueva serie propuesta.

En este sentido, en uno de los ensayos de *Discusión*, en un artículo que se llama "Avatares de la tortuga", en que Borges, como en muchos de sus textos está revisando las teorías eleáticas, de la filosofía eleática acerca del infinito, entre otros la carrera entre Aquiles y la tortuga, que es uno de los puntos clave de las teorías eleáticas... Repito, en el artículo "Avatares de la tortuga", Borges dice:

"El mayor hechicero (escribe memorablemente Novalis) sería el que se hechizara hasta el punto de tomar sus propias fantasmagorías por apariciones autónomas. ¿No sería ése nuestro caso?"

Acá termina la cita de Novalis, y Borges continúa:

"Yo conjeturo que así es. Nosotros (la indivisa divinidad que opera en nosotros) hemos soñado el mundo. Lo hemos soñado resistente, misterioso, visible, ubicuo en el espacio y firme en el tiempo; pero hemos consentido en su arquitectura tenues y eternos intersticios de sinrazón para saber que es falso". (*Discusión*, OC1: 258)

Fíjense que en este momento Borges está desbaratando, destruyendo la llamada realidad del mundo y, por lo tanto, de los procesos históricos. El mundo no es nada más que nuestra voluntad y representación, para decirlo según Schopenhauer; Schopenhauer es uno de los autores más leídos por Borges. El mundo es voluntad y representación que continuamente se demuestra irreal y falsa: pura voluntad y pura representación. Es el mundo lo que es declarado irreal. A lo cual se contrapone la otra actitud: a esa irrealidad del mundo se le enfrenta una nueva serie, la serie en que Kilpatrick es un héroe, la invención de la nueva serie que también es declarada irreal.

En otro artículo, "La Creación y P. H. Gosse",[55] que está en *Otras inquisiciones*, Borges se refiere a John Stuart Mill, y recuerda la teoría de Mill según la cual "el estado del universo en cualquier instante es una consecuencia de su estado en el instante previo" (OC2: 28-29); es decir esa concatenación a la cual Borges se refería cuando, por ejemplo, glosaba a Santo Tomás de Aquino: cada estado del universo es consecuencia de su estado previo,[56] que es lo que arma la confabulación acerca del confabulador Kilpatrick. Es decir, hay que recomponer la serie de manera tal que en esta nueva serie aparezca como héroe el traidor Kilpatrick. Dice Borges:

"John Stuart Mill razona que el estado del universo en cualquier instante es una consecuencia de su estado en el instante previo y que a una inteligencia infinita le bastaría el conocimiento perfecto de *un solo* instante para saber la historia del universo, pasada y venidera." (*Otras inquisiciones*, OC2: 28-29)

Como ustedes ven, vuelven siempre los mismos temas. Recuerdan en el relato "La otra muerte", donde Pedro Damián muere dos veces: una como valiente, otra como cobarde. Basta modificar una circunstancia del pasado para que la concatenación de acontecimientos se modifique, es decir, basta modificar un detalle del pasado para que haya dos historias universales, dice Borges. Y después de glosar a Mill, Borges agrega una frase espléndida: "Mill no excluye la posibilidad de una futura intervención exterior que rompa la serie." (*Otras inquisiciones*, OC2: 29) Es decir, es lo que hacen los narradores de Borges: una intervención que rompe la se-

[55] Primera edición: *Sur*, Bs. As., número 81, 06/1941, págs. 68-70; en volumen, en: *Otras inquisiciones* a partir de la primera edición.

[56] Ver: "Avatares de la tortuga", *Discusión* (OC1: 256); primera edición en: *Sur*, número 63, 12/1939, págs. 18-23; en *Otras inquisiciones*, a partir de la primera edición.

rie, la serie real, y propone otra serie. Sigo leyendo:

"Afirma que el estado *q* fatalmente producirá el estado *r*; el estado *r*, el *s*, el estado *s*, el *t*; pero admite que antes de *t*, una catástrofe divina —la *consummatio mundi*, digamos— puede haber aniquilado el planeta. El porvenir es inevitable, preciso, pero puede no acontecer. Dios acecha en los intervalos." (*Otras inquisiciones*, OC2: 29)

Es una frase espléndida que muestra toda esta postura borgeana. En el instante de proponer una serie, se puede modificar la historia universal, crear una historia universal donde Kilpatrick es valiente; eso es lo que hace posible la consumación de la serie, pero siempre existe la posibilidad de que esa serie sea infinitamente reemplazada por otra serie, porque "Dios acecha en los intervalos" y podría modificar infinitamente las series. El narrador borgeano es el cuasidios, pero el no-dios que inventa todas esas series; es como el dios que se mete y acecha en los intervalos pero siempre es vencido... ¿por qué? Por la realidad de un mundo a la cual también declara irreal.

Cotejen esas dos citas. Por un lado, el mundo es voluntad y representación, pero hay intersticios de sinrazón que nos declaran que el mundo es falso. Por otro lado, a esa falsedad del mundo, opongo la falsedad de la serie, pero la serie a su vez se desbarata porque "Dios acecha en los intervalos".

Oscilación constante, entonces, que hemos visto y se vuelca también y tiñe esta ideología de nihilismo, esta ideología subversiva que rompe y desbarata lo que construye, continuamente. Ya habíamos dicho que, en este sentido, parecen didácticos los cuentos de Borges, porque destruyen para hacer recelar de todo paradigma. Hemos visto que esta suerte de ideología se vuelca sobre los procedimientos narrativos; las estrategias narrativas que sirven para fijar los marcos del principio y el fin.

Esto empieza porque yo inventé, dice el narrador, un argumento de un posible relato. Sucede el relato y el fin, precisamente, el fin marcado en el relato, es que la historia copia a la literatura, que la literatura inventa el suceder histórico, y que eso es un programa que no cesa porque se dan ciertas pautas en la trama inventada para entender que es trama inventada, o sea que no es real. O sea que el narrador da toda la vuelta del círculo, digamos: la historia es corregible, propongo esta segunda historia, pero doy elementos para que se entienda, para que el futuro lector entienda que ésta es una historia inventada, es decir, infinitamente reemplazable por otra serie histórica.

Las estructuras narrativas, habíamos visto, los procedimientos concretos se cargan de esta intención ideológica. Lo hemos visto en los juegos entre el sujeto del enunciado y el sujeto de la enunciación. En "La forma de la espada" eso es evidente, los sujetos de la enunciación que se suceden y que crean esta situación: *el sujeto de la enunciación es los dos sujetos del enunciado sin que sepamos que esos dos sujetos del enunciado (el traidor y el traicionado) son el mismo sujeto del enunciado.* Es decir, se crea una nueva serie en que la biografía del uno se corrige en la biografía del otro por el sujeto de la enunciación que coincide con ambos sujetos. Ese procedimiento narrativo marca este sistema ideológico que es el universo, el modelo de mundo, propuesto por Borges. Y hemos visto cómo en el otro relato, "Tema del traidor y del héroe", este juego se da mediante el procedimiento de afirmar la existencia y la inexistencia de lo que se narra; lo vimos desde el principio: he inventado el argumento de un relato que no existe pero que de algún modo existe puesto que en él hay elementos que no me fueron revelados aún. Afirmación de existencia, afirmación de inexistencia que desemboca en toda la serie nueva, la nueva biografía de Kilpatrick declarada como pura invención con elementos para que el lector la decodifique como pura invención.

Y también hemos visto en la clase anterior cómo en este relato aparece toda esa exhibición de cuadros epistemológicos, de marcos epistemológicos: la filosofía, la matemática, la teoría de los ciclos, etc., que son absorbidos por el espacio literario que los manipula, los enfrenta, los desvaloriza al hacerlos funcionar de una manera distinta. Lo que están proponiendo, en definitiva, no es una teoría del conocimiento, sino una teoría de la invención, de la confabulación. Lo vimos: eso está en el arranque del relato donde el consejero áulico Leibniz aparece junto al exornador de elegantes misterios Chesterton. Un espacio literario, con toda una serie de procedimientos que absorbe los paradigmas filosóficos, los manipula, los hace intervenir para trabajar en la serie inventada. Todo eso —vimos— se relaciona con todos los textos borgeanos alrededor del relato, en los cuales también se produce ese mismo mecanismo oscilatorio de la afirmación y la negación de la serie inventada.

Recuerden ustedes, como hemos visto en *Otras inquisiciones,* cómo se arma todo el andamiaje de las negaciones metafísicas: el espacio no existe, el tiempo no existe, la personalidad no existe porque no se pueden depositar las percepciones en un *continuum* tempo-espacial que no existe; pero: "El mundo, desgraciadamente, es real; yo, desgraciadamente, soy Borges". (*Otras inquisiciones,* OC2: 149)

II

Piensen ustedes que ése es un viejo tema que viene desde el primer Borges y de su amigo Macedonio Fernández, sobre todo: el intento de la negación de la personalidad; viene sobre todo de uno de los primeros textos de Borges, de *Inquisiciones,* donde existe el artículo "La nadería de la personalidad", en el cual declara la inexistencia del yo individual, del yo personal, y la única existencia de las percepciones sueltas en las cuales consiste el mundo. Ese artículo, "La nadería de la personalidad", recogido en *Inquisiciones,* está escrito con el estilo del primer Borges, el estilo agresivo, donde se mezclan dos tipos de registros de lengua: una lengua fuertemente intelectualizada con tonos de una oralidad que es criolla y compadre. Es decir, esto ya lo hemos visto a lo largo de las clases muchas veces, es lo que arma *Evaristo*

Carriego, de alguna manera, es decir, una oralidad que es la del orillero y el compadre, unida a razonamientos de alta intelectualidad y aun de ciertos recursos de lengua que vienen de ese discurso fuertemente intelectual. El artículo "La nadería de la personalidad" está pautado por una frase que se repite una y otra vez a lo largo del artículo y es: "No hay tal yo de conjunto". Es decir, lo que entendemos como yo individual, como yo personal, es una pura ilusión. Lo único que hay es percepciones que no se integran ni en un *continuum* temporal, ni en un espacio extenso. No hay, pues, tal yo de conjunto.

El comienzo del artículo que, les recuerdo, muestra esos dos registros de lengua tan característicos de esta época de Borges, empieza con un "Intencionario", es decir con una declaración de intenciones escrita en este tono:

"Quiero abatir la excepcional preeminencia que hoy suele adjudicarse al yo: empeño a cuya realización me espolea una certidumbre firmísima, y no el capricho de ejecutar una zalagarda ideológica o atolondrada travesura del intelecto".[57]

Es decir, fíjense el tono casi de "compadre de comité" que tiene este fuerte razonamiento intelectual. Y continúa:

"Pienso probar que la personalidad es una trasoñación, consentida por el engreimiento y el hábito, mas sin estribaderos metafísicos ni realidad entrañal. Quiero aplicar, por ende, a la literatura las consecuencias dimanantes de esas premisas, y levantar sobre ellas una estética, hostil al psicologismo que nos dejó el siglo pasado, afecta a los clásicos y empero alentadora de las más díscolas tendencias de hoy".[58]

Es decir que éste es todo un programa estético-filosófico: abatir la preeminencia del yo, negar metafísicamente el yo. Por lo tanto, proponer una estética hostil al psicologis-

[57] En la primera edición de *Inquisiciones*, *op. cit.*, pág. 84; en la edición hecha en Buenos Aires por Seix Barral/Biblioteca Breve, en 1994, pág. 93.

[58] *Ibidem*.

mo, que no esté seducida por la idea de un yo único, irreemplazable e individual, de la cual surgirán las infinitas series borgeanas, las biografías que corrigen los procesos históricos.

Piensen ustedes que esta suerte de estética se vincula con la afirmada en dos artículos de Borges que están en el tomo *Discusión*, y que son "El arte narrativo y la magia" y "La postulación de la realidad". Estos dos ensayos son fundamentales para esta estética; en ellos Borges embate contra la causalidad de tipo psicologista y equipara ciertas concatenaciones del arte narrativo a las operaciones mágicas, donde no rige el principio de la causalidad, de la realidad, y que cierta forma narrativa, por ejemplo el realismo y el psicologismo, imitan. En las operaciones mágicas actúa otro tipo de principio de causalidad, otra relación entre las operaciones mágicas. Eso es lo que sueña Borges para la literatura: otro principio ordenador. Otro principio ordenador en el cual, para él, consiste la mejor posibilidad narrativa. Sostiene eso en "La postulación de la realidad", donde hay varias maneras literarias posibles de postular la realidad. Por ejemplo, proponer generalizaciones, conceptos generales, etc.; pero una de ellas, que parece muy ligada al pensamiento de los Formalistas Rusos, es el detalle circunstancial, es decir, el detalle mínimo y circunstancial que sirve para concentrar toda una realidad mucho más compleja y más vasta que está detrás de él. Recuerdan ustedes que el detalle circunstancial era un elemento que analizan mucho los Formalistas Rusos; el ejemplo que da Borges ahí es un ejemplo muy gracioso que proviene de *La gloria de Don Ramiro*, de Enrique Larreta, autor profundamente desdeñado por él, en el cual aparece una olla en la cocina de la casa señorial, cuya tapa tiene candado. La tapa con candado es un detalle circunstancial que evoca inmediatamente toda una realidad que está atrás: la pobreza, la miseria en que viven los sirvientes, el hambre de los sirvientes, la tapa tiene candado para que los sirvientes no se coman la comida.

Y bien. Estoy uniendo todos estos elementos para que

vean ustedes cómo el procedimiento en Borges siempre apunta a esa creación de las nuevas series; series que niegan los procesos históricos a los cuales declaran falsos o modificables, pero que se niegan a sí mismas también como falsas y modificables. Es decir: una estética de la contradicción que está en toda la base de la literatura de Borges.

Es decir, el Borges joven, el Borges de *Fervor de Buenos Aires*, en un poema que se llama "Sábados", decía: "Ya casi no soy nadie,/soy tan sólo ese anhelo/que se pierde en la tarde." (*Fervor de Buenos Aires*, OC1: 46) Ese sujeto que era el sujeto que deambulaba por las calles desiertas en *Fervor de Buenos Aires*, que afirmaba y negaba la realidad de la ciudad, la negaba desde la metafísica, pero la afirmaba desde la biografía y desde la experiencia entrañable de la ternura de la ciudad; ese sujeto es el sujeto que está constituido por la contradicción: *consiste en la contradicción*. Es decir, es el sujeto que es puro deseo —"anhelo/ que se pierde en la tarde", dice el poema—, que es puro deseo desgarrado en direcciones opuestas.

En uno de los artículos posteriores, Borges dirá: "Ser una cosa es inexorablemente no ser todas las otras cosas. La intuición confusa de esa verdad ha inducido a los hombres a imaginar que no ser es más que ser algo, y que, de alguna manera, es ser todo". ("De alguien a nadie", *Otras inquisiciones*, OC2: 117) Es decir, lo hace incurrir en esa falacia, puesto que ser una cosa es no ser todas las otras, no ser de una manera es ser todo, asumir todas las posibilidades de ser, lo cual es una falacia. Es decir, el anhelo de no ser es una posibilidad de rescate de este sujeto instalado en la contradicción.

Este sujeto desgarrado por las tendencias contradictorias de negarse/afirmarse, negar lo otro/afirmar lo otro, etc., de alguna manera contempla con cierta fascinación la posibilidad de no ser, que sería una manera de no serlo todo. Lo cual inmediatamente es decretado falacia y consuelo como la metafísica: desesperación aparente y consuelo secreto.

Fíjense que todo, los procedimientos de afirmar y de

negar, o de subvertir los contrarios, el traidor que se vuelve héroe, el héroe que se vuelve traidor, el conspirador que denuncia y que se recubre de la máscara del conspirador denunciado, etc., esta constante oscilación siempre está volviendo a un sujeto central que es el sujeto instalado en la contradicción.

Piensen en estas palabras con las que Borges cierra en 1960 los textos que reunió en esa suerte de autobiografía que es *El hacedor*; ese libro sobre el hacedor de series literarias que es él mismo. El texto se cierra con estas palabras: "Un hombre se propone la tarea de dibujar el mundo./.../ Poco antes de morir, descubre que ese paciente laberinto de líneas traza la imagen de su cara." (*El hacedor*, OC2: 232) Es decir que, en definitiva, toda esta construcción rigurosa, implacable, declarada existente e inexistente al mismo tiempo, está perfilando el modo de ser del sujeto que contradice. *Se contradice y contradice.* Decir una cosa es afirmar inmediatamente lo contrario de lo que acaba de decirse; es decir, una contradicción que llama final al comienzo. Esto explica la presencia de los opuestos que intercambian sus roles en casi todas las narraciones y poemas de Borges.

Por eso yo también les recomendé el relato "Los teólogos",[59] donde aparecen los dos teólogos rivales: Juan de Panonia y Aureliano de Aquilea. En un momento dado aparece una secta herética que sostiene determinadas cosas, los dos teólogos refutan a los participantes de esa secta: uno con argumentos directos, el otro con argumentos sinuosos. Años después aparecerá otra secta, la secta de los histriónicos, y uno de los teólogos dirá que esta nueva secta se debe a esos argumentos tan complicados, inventados por su rival, que es condenado a la hoguera. En un momento dado, el denunciante se retira y un rayo lo derriba y lo mata; es decir, muere como murió su rival, Juan de Panonia. Uno muere en la ho-

[59] "Los teólogos", primera edición: *Anales de Buenos Aires*, año 2, número 14, 04/1947, págs. 50-56, ilustración de Juan Otano; en *El Aleph*, a partir de la primera edición (Bs. As.: Losada, 1949).

guera, él muere derribado por un rayo. Y de pronto, ¿qué ocurre? Dios toma al uno por el otro, los dos son lo mismo, para él. No porque se confunde; el texto dice que es inadmisible atribuir la confusión a la mente divina. Porque radicalmente el uno y el otro, el que denunció y la víctima denunciada, son lo mismo para la mentalidad divina, son una especie de Jano. Es decir, ese sujeto que es lo uno y lo otro, lo que contradice a lo otro. Es el traidor y es el héroe.

Piensen, por ejemplo, en el poema de Borges que está contenido en el libro que tiene este título tan significativo: *El otro, el mismo* —"el otro es el mismo"—, donde hay un poema que se llama "Del infierno y del cielo".[60] En ese poema, el yo poético imagina un más allá donde no hay ni fuego justiciero, ni jardines iluminados por el recuerdo de la buena conducta; la idea del castigo y del premio no están en ese más allá. El cielo y el infierno, ¿qué serán entonces? Serán la ausencia de todo lo que se haya visto o se haya querido ver en el mundo. Sólo quedará algo. El mundo desaparecerá, el mundo como voluntad y representación se diluirá absolutamente. Sólo quedará una imagen, la imagen del que afirmó y negó, del que se instaló en la contradicción permanente, del que quiso ser lo uno a pesar de lo otro, del que puede representar indistintamente el papel de condenado o de redimido; así como "Los teólogos" son lo mismo para la Divinidad, como el traidor y el héroe son lo mismo porque se puede modificar una biografía en la otra, como el denunciado y el denunciante son lo mismo, en este más allá está el sujeto que es lo uno y lo otro, más allá de todo premio o de todo castigo. Y, entonces, en un trecho del poema se lee:

[60] "Del infierno y del cielo" se publicó por primera vez en: *Poemas (1923-1943), op. cit*, págs. 167-169, sección "Otros poemas", con fecha de 1942; retomado en las ediciones ya citadas de 1954 y 1958 de los *Poemas*, en las *Obras completas* de Emecé, en la sección "Otras composiciones"; luego apareció en la antología realizada por Borges y Bioy Casares: *Libro del Cielo y del Infierno*, Bs. As.: *Sur*, 1960; integra *El otro, el mismo* a partir de la edición de 1964.

"los colores y líneas del pasado
definirán en la tiniebla un rostro
durmiente, inmóvil, fiel, inalterable
(tal vez el de la amada, quizá el tuyo)
y la contemplación de ese inmediato
rostro incesante, intacto, incorruptible,
será para los réprobos, Infierno;
para los elegidos, Paraíso." (*El otro, el mismo*, OC2: 244)

Es decir: contemplar ese rostro puede ser el mal o el bien. Y los dos papeles se intercambian continuamente. Es decir que entonces este sujeto que aparece en poemas, relatos de Borges, ese sujeto que se instala en los narradores de Borges, este sujeto que modifica la historia y que hace que este traidor se vuelva héroe, este sujeto está como clausurado en una práctica de oposiciones insolubles y que deben permanecer insolubles. Es decir, es un sistema de oposiciones que es asumido como una ética, como un imperativo ideológico y ético; debe permanecer y subsistir la oposición porque el sujeto consiste en ese enfrentamiento y confrontamiento de opuestos. Nada más reprobable desde ese sujeto que produce ensayos, produce relatos, produce poemas, nada más reprobable que las dialécticas combinatorias. Las dialécticas combinatorias son para "los Borges", los muchos sujetos Borges, imposturas: esfuerzos condenados al fracaso. De allí que, con ese ímpetu terriblemente retrógrado y terriblemente subversivo al mismo tiempo, abomine del materialismo dialéctico por un lado y del nazismo por el otro. Uno le parece una combinatoria, una dialéctica combinatoria, y el otro le parece una imposición de una suerte de horrenda verdad, la imposición de una determinada verdad.

Es decir, para este sujeto Borges no habría forma de lucha que pueda reunir en una totalidad los enfrentamientos en el interior del propio sujeto, es decir, la contradicción en la cual consiste el propio sujeto. Así que este sujeto abomina siempre de las abstracciones totalizadoras; las abstracciones totalizadoras son imposturas, son falsedades, son simulacros de realidades objetivas, y, en ese sentido, son un pecado capital: ético y estético. De allí, por ejemplo, la invectiva contra las alegorías totalizadoras que aparecen en muchos ensayos de Borges. En realidad, esas abstracciones totalizadores son, para Borges, lo que un filósofo vienés que leyó mucho Borges y que se llama Fritz Mauthner llamó "supersticiones de la palabra"; es decir, esas conceptualizaciones que engloban en totalidades determinados conceptos no son más que supersticiones, emanaciones de una radical falsedad que es el lenguaje.

Si a ustedes les interesa leer la exposición de dos pensadores acerca del lenguaje, Mauthner, por un lado, y Wittgenstein, por el otro, hay un libro admirable que es *La Viena de Wittgenstein*,[61] que es toda una exposición de ese ambiente de discusiones que existió en un momento dado en Viena. Fíjense que Mauthner dice que lo único que puede transmitir el lenguaje es ambigüedades, y que, en este sentido, la poesía es superior a la ciencia, porque mantiene una serie de ambigüedades contradictorias que la ciencia no puede mantener, ante la cual la ciencia se tiene que detener. Esas supersticiones de la palabra que proponen totalidades como si fueran existentes en el mejor de los casos, dice Mauthner, son modos de conocimiento que se acercan más a la poesía que al supuesto rigor de la verdad científica. Son —dice— la poética de la "*fable convenue*" de la ciencia; la poética, en el sentido de la armazón normativa de esa "*fable convenue*", de esa invención convenida en conjunto que es la ciencia.

Bien. De allí la constante presencia en los relatos de Borges de los temas con traidores y héroes, y el tema de la traición; es decir, es una manera de enfrentar a los opuestos que se necesitan mutuamente: la contradicción necesita siempre el opuesto para enfrentarse y declararlo falso y, a la vez, ser declarado falso desde la perspectiva de lo opuesto.

[61] Stephen Toulmin y Allan Janik: *La Viena de Wittgenstein*, Madrid: Taurus, 1974.

III

El "Tema del traidor y del héroe" podría ser una suerte de epítome de toda la narratividad borgeana; y el juego de las traiciones entre los opuestos está subyaciendo permanente en la literatura borgeana. Fíjense que hay un cuento en el cual Borges está dialogando —en el sentido bajtiniano de la palabra— con un autor muy poco afín a él que es Roberto Arlt, situado, de alguna manera, en las antípodas de Borges. Pero ese cuento está dialogando con Arlt, es un cuento sorprendentemente arltiano; es decir, la intertextualidad y las formas dialógicas se establecen con la figura contrapuesta al propio Borges. Ese cuento que está en *El informe de Brodie* se llama "El indigno", y ustedes reconocerán inmediatamente, con una vertiginosa mención del argumento, el diálogo con Arlt. El personaje narrador cuenta cómo, por celos, y en el fondo porque tiene exasperante necesidad de él, denuncia a la policía al amigo-rival que le propone participar en un robo. Imagínense que el diálogo con Arlt es inmediato, absolutamente inmediato. Es decir, asume el papel de traidor, por necesidad, por celos, por exacerbación, por envidia del otro, y denuncia al otro. Los contrarios están enfrentados en este tipo de relación. Y fíjense que el final del cuento es muy significativo. Durante un momento dado este personaje reflexiona:

"La amistad no es menos misteriosa que el amor o que cualquiera de las otras faces de esta confusión que es la vida. He sospechado alguna vez que la única cosa sin misterio es la felicidad, porque se justifica por sí sola." (*El informe de Brodie*, OC2: 409)

Este sujeto, desgarrado entre opuestos, que trabaja continuamente sobre la rivalidad de los opuestos, que los constituye, que dice y contradice, tiene una especie de paraíso que es la felicidad que le es inaccesible; y la felicidad se justifica por sí sola, no admite explicación, es una totalidad inabordable, absolutamente inabordable.

Es decir, para este sujeto la felicidad solamente sería

perceptible desde la competencia de los rivales que no la pueden definir nunca; los rivales que compiten y que se necesitan el uno al otro. Es decir, solamente visible, no experimentable desde la pugna, el conflicto, la traición, etc. Y fíjense que hay esos términos ubicuos en toda la literatura de Borges: traición y felicidad, siempre son ubicuos. La felicidad como aquello inalcanzable, la traición permanente y de enfrentamiento de los opuestos como estado que constituye al sujeto, la condición —digamos— del sujeto.

Inclusive, toda la lectura de muy buena parte de la filosofía, de muy buena parte de la literatura anterior, está hecha sobre la base de enfrentamientos, de conflictos, entre figuras opuestas que se contraponen o que son contrapuestas por el narrador que las está leyendo.

Recuerdan ustedes el artículo al que nos hemos referido varias veces, "Valéry como símbolo", en el cual Valéry representa exactamente lo opuesto de Whitman. Walt Whitman es el vitalismo y la vocación de felicidad, dice Borges, frente a Valéry, que son los lúcidos rigores del pensamiento. De alguna manera, Whitman y Valéry son los compadres que pelean a cuchillo en una esquina, en esa superposición de mitologías que hace la literatura de Borges. En la mitología que viene de las lecturas de la Biblioteca y la mitología que viene del Palermo de Evaristo Carriego, el Palermo de los compadres, el Palermo de la pugna. Toda la literatura se arma así, con este enfrentamiento entre rivales que se necesitan uno al otro, que se requieren uno al otro, y que el sujeto instala en sí mismo, en esa pugna con una felicidad nunca alcanzada.

De allí que sea constante en Borges esa necesidad de proyectar esas antinomias que lo constituyen en un pasado. Continuamente se las proyecta a un pasado; es decir, Borges crea a sus precursores, todo escritor crea a sus precursores, Kafka crea a los que lo precedieron, y los que lo precedieron a Kafka. La serie causal es desarticulada a través del recuerdo conformador y realizador del pasado. Recordar es crear el pasado de nuevo; es inventar el pasado como otra serie diferente de la que pueden registrar los documentos: una serie que altera las interrelaciones de causalidad. Y Borges, sobre todo en los primeros libros, no necesita recurrir al pasado europeo o norteamericano para visualizar estos enfrentamientos entre los opuestos que lo constituyen como contradicción. Inclusive se dirige al pasado argentino y ve instaladas en el pasado argentino también las contradicciones, sobre todo en el libro de 1926, *El tamaño de mi esperanza*.

Si en *Evaristo Carriego* inventó su propio pasado —Carriego es el inventor del arrabal, y él siguió con esa invención—, en otros textos de *El tamaño de mi esperanza* busca en otros argentinos el conflicto que lo constituye a él, y ve el juego de las contradicciones. *El tamaño de mi esperanza*, con el tono pendenciero y compadre de Borges en esta época, es decir en 1926, empieza con esta declaración:

"A los criollos les quiero hablar: a los hombres que en esta tierra se sienten vivir y morir, no a los que creen que el sol y la luna están en Europa".

Es decir, asume un nacionalismo deliberado que marca muy fuertemente todo un sesgo de su literatura.

"Tierra de desterrados natos es ésta, de nostalgiosos de lo lejano y lo ajeno: ellos son los gringos de veras, autorícelo o no su sangre..."

Se puede ser muy criollo de pura cepa y ser un gringo por estar fijándose en esas existencias de formas europeas que por otro lado fascinan al sujeto Borges también:

"...y con ellos no habla mi pluma".[62]

Es decir, no habla con esos gringos, autorícelo o no su sangre. Esta pendenciera voluntad de criollismo, sin embargo, es demasiado vistosa. Quiere dejar en claro que la necesidad de recordar allá en Europa y en Norteamérica, aquí y en nuestro pasado cercanísimo, no es resentimiento ante lo que no se ha tenido o no se tiene, pero sí exasperación ante lo que Borges llamaría "pereza", que obliga a elegir a uno solo

[62] *El tamaño de mi esperanza, op. cit.*, pág. 5.

de los contrarios: vitalismo o pensamiento. Elegir el vitalismo a expensas del pensamiento es pereza; elegir el pensamiento a expensas del vitalismo es pereza. Borges vive añorando continuamente la acción y la violencia, desde la biblioteca, la ilimitada biblioteca de libros ingleses —como la definió—, y detrás de las verjas del jardín de su padre, de las verjas con lanza, añora esa acción del exterior, mira con arrobo esa felicidad que sería un vitalismo que sí pudiera reunirse con el pensamiento, pero su contradicción le impide reunir vitalismo y pensamiento. Decidirse por el vitalismo o por el pensamiento son dos formas de pereza.

De allí que al contemplar la historia argentina o la literatura argentina vea que siempre hay un elemento que prima sobre el otro: es decir, el vitalismo que sofoca un pensamiento muy lúcido, o a la vez un pensamiento muy lúcido que sofoca el vitalismo.

Dice en el comienzo de *El tamaño de mi esperanza*: "Nuestra realidá" —escrito como escribía en esa época, sin "d" y con acento en la "a" para imitar la oralidad compadre—: "Nuestra realidá vital es grandiosa y nuestra realidá pensada es mendiga".[63] Es decir, parecería que en la historia argentina tienen más seducción y empuje los grandes vitalistas, los hombres de la acción; lo que lamenta es que no haya en el pasado argentino figuras emblemáticas, para él, a quien pudiera ver como arquetipos de los opuestos, es decir: como compadres enfrentados en un duelo. En todo caso, aspira a una grandiosa realidad pensada que sea muy grandiosa pero al mismo tiempo está añorando siempre la exuberancia corporal. De allí que, por ejemplo, de pronto hasta sienta cierta admiración por los grandes vitalistas a los cuales ideológicamente repudia, por ejemplo Rosas, que le inspira una especie de *odi et amo* continuo. Dice por ejemplo: "nuestro mayor varón sigue siendo don Juan Manuel: gran ejemplar de la fortaleza del individuo, gran certidumbre de saberse vi-

[63] *Ibidem*, pág. 8.

vir, pero incapaz de erigir algo espiritual, y tiranizado al fin más que nadie por su propia tiranía y su oficinismo".[64]

Es decir: traidor de sí mismo, en el sentido de que acabó siendo un burócrata; pero fíjense que el impulso de admiración a este gran ejemplar de fortaleza individual permanece muy fuerte a pesar de que le reprocha la flaqueza de realidad pensada.

Ni siquiera Sarmiento se salva, con sus juegos de gran vitalista, de gran vividor y de un pensamiento que, de alguna manera, no participa del todo o no ve demasiado hondo Borges. A Sarmiento lo define así: "Sarmiento (norteamericanizado indio bravo, gran odiador y desentendedor de lo criollo) nos europeizó con su fe de hombre recién venido a la cultura y que espera milagros de ella".[65] Es decir, lo ve como un pensamiento flojo.

Y fíjense que estas rivalidades entre vitalistas y pensadores, estos temas del traidor y del héroe —el vitalista es sucesivamente el héroe o el traidor frente al gran pensador que es sucesivamente el héroe o el traidor—, Borges los proyecta desde la historia de la literatura argentina en la cual rescata sobre todo ¡sí! un texto: *Fausto*. *Fausto* es el texto de la felicidad para Borges, pero lo proyecta hacia la literatura universal. Por ejemplo, cuando elogia el *Fausto* y ve allí una imagen de la felicidad, una especie de objeto verbal autónomo y perfecto que sería la felicidad, dice que los paisanos cuentan una historia del otro lado del mundo, la misma que soñó el "genial compadrito Cristóbal Marlowe".[66] En efecto, ustedes saben que Marlowe, que compuso un *Fausto* y que era un gran frecuentador de tabernas, murió de una puñalada en una taberna, y se convierte en un "compadrito"; es decir, proyecta la rivalidad del mundo del compadre y convierte a Marlowe en el "compadre". Con esto he querido mostrar este sujeto instalado en la contradic-

[64] *Ibidem*.

[65] *Ibidem*, pág. 6.

[66] *El tamaño de mi esperanza*, *op. cit.*, "El Fausto criollo", págs. 11-12.

ción, que proyecta en toda una serie de relatos esta rivalidad entre los opuestos, que intercambian incesantemente sus roles y que se necesitan mutuamente el uno al otro: en una serie son traidores, en otra serie son héroes, en otra serie son cobardes, en otra serie son valientes. Inventar una serie es reactivar continuamente el proceso de la contradicción, la corrección de la historia está hecha sobre la base de la contradicción.

En este sentido, la obra de Borges, sempiternamente subversiva, ideológicamente subversiva respecto de los órdenes habituales, y el gran problema que es la superposición del sujeto empírico y el sujeto textual,... esta obra tan tremendamente subversiva, desgraciadamente ha servido de apoyo a los gobiernos conservadores; en todo caso, la obra de Borges, por cierto, no ha sacudido el orden de los gobiernos militares. Es decir, es una subversión que está en el orden del pensamiento, cosa que ha exasperado una y otra vez —aunque cada vez menos— a cierto tipo de izquierda que todavía no se ha resignado a ver la subversión en ciertos órdenes del sujeto Borges y no en otros órdenes.

Hay toda una corriente de críticas muy feroces a Borges que empiezan con el libro de Prieto, *Borges y la nueva generación*;[67] o, por ejemplo, un libro que editó en 1978 Juan Fló, que se llama *Contra Borges* (editorial Galerna);[68] o el libro de Pedro Orgambide, *Borges y su pensamiento político*.[69] Otros lectores que han fluctuado siempre en una especie de *odi et amo*, o de admiración recalcitrante respecto de Borges, son, por ejemplo, Noé Jitrik, que una y otra vez ha trabajado bajo esta luz contradictoria que es el Borges de la contradicción. En uno de sus últimos libros, escribe un artículo que se llama

[67] Adolfo Prieto: *Borges y la nueva generación*, Buenos Aires: Letras Universitarias, 1954.

[68] Juan Fló: *Contra Borges*, Buenos Aires: Editorial Galerna, 1978.

[69] Pedro Orgambide: *Borges y su pensamiento político*, México City: Comité de solidaridad con el pueblo argentino, 1978.

"Complejo sentimiento sobre Borges",[70] en que muestra una y otra vez esa oscilación que le produce la literatura de Borges, y a la vez de alguna manera se rinde ante esa ética del cinismo que es la literatura borgeana, tan corrosiva de los órdenes habituales.

En un libro anterior que se llama *El fuego de la especie*,[71] Jitrik ha mostrado, dentro de la literatura de Borges, esa presencia de dos suertes de momentos rivales y contradictorios en Borges que son todos los relatos, la ficción que sale de los libros, y todos los relatos y la ficción que son ficciones de crimen, es decir, los cuentos "policiales" de Borges, donde hay crímenes, asesinatos, ejecuciones, etc. Es decir, al sujeto contradictorio lo ve en los cuentos que propone la serie que sale del libro, en los cuentos que propone la serie que sale de la acción. Y Jitrik termina, precisamente: "La complejidad de los relatos —y su originalidad— dibujan homólogamente la elevada penuria de un espíritu que se debate, desgarrado por su apetito total y su incapacidad de satisfacerlo.[...] Si hay acción entonces, aparece como diferenciada y trabada, como oculta en el sofocamiento de la fórmula: el trabajo, que es lo que resalta, se muestra no como lo concreto del pasaje del pensamiento a la expresión, sino como la manifestación más poderosa de un conflicto profundamente arraigado en toda una literatura".[72]

Es decir, ve en la literatura, pero hipostasiado de una manera muy espectacular en Borges, ese conflicto entre pen-

[70] Noé Jitrik: "Sentimientos complejos sobre Borges", *La vibración del presente*, México: F.C.E., 1987, págs. 13-37. Existe una versión francesa anterior: "Sentiments complexes sur Borges", *Les temps modernes*, números 420-421, juillet-août, 1981, págs. 195-223.

[71] Noé Jitrik: "Estructura y significado en *Ficciones* de Jorge Luis Borges", *El fuego de la especie*, Bs. As.: Editorial Siglo XXI, 1971, págs. 129-150; este artículo se publicó antes en *Casa de las Américas*, La Habana, número 53, marzo-abril de 1969, y en el también mencionado por Pezzoni *Contra Borges*, págs. 139-162.

[72] *Ibidem*, págs. 148-149.

samiento y acción. Es decir, otra lectura de los contrarios que constituyen a Borges, y que arman de alguna manera sus relatos, y que subyacen en todo sistema ideológico que es la literatura de Borges. Una ideología que si se manifiesta en los contenidos es como socavamiento y destrucción de las formas de pensamiento incrustadas en los discursos de poder, como diría Foucault, dinamitación de los discursos de poder; y en las formas, por esas estrategias narrativas que subvierten continuamente las series, que proponen series para descartar esas series. Es decir, trabajo y dinamitación constantes.

El tercer duelo.
Una lectura de "Emma Zunz"

Introducción a la literatura. Cátedra "C"
Clase 5 (25 de junio de 1984)

I

Hoy hablaremos sobre el texto de Borges "Emma Zunz", no para hacer un análisis minucioso, sino para preguntarnos, de acuerdo con lo que hemos venido diciendo en estas clases, cómo recibe el lector este texto; cómo está construido "Emma Zunz" para que el lector lo reciba de determinada manera; cómo se narra, quién narra el texto.

"Emma Zunz" aparece por primera vez en el año 1949 en el libro de Borges *El Aleph*,[73] un tomo que reúne relatos de Borges de muy diferentes características respecto de "Emma Zunz", cosa que veremos al final de nuestra lectura del texto. El relato se reimprime en 1951 en el tomo *La muerte y la brújula*,[74] otro libro en el que aparecen cuentos que superficialmente son muy diferentes; me refiero a la estructura de superficie del texto cuando digo "superficialmente".

Evidentemente, cuando ustedes leen "Emma Zunz", el cuento se caracteriza por dos rasgos bastante distintos. Desde el comienzo mismo del texto hay una aparente desaparición del narrador; o sea que es un cuento escrito en la forma canónica de la tercera persona, y el narrador al comienzo del texto parece ausente: los hechos se presentan como por sí solos, como en un informe. Pero al mismo tiempo, en el relato, como ustedes habrán observado, irrumpe el narrador, se

[73] *El Aleph*, Bs. As.: Losada, 1949.
[74] *La muerte y la brújula*, Bs. As.: Sur, 1951.

introduce en la narración; y la marca textual de esta aparición es el paso de la tercera persona tradicional a la primera persona narrativa. El narrador aparece con reflexiones acerca de lo que está narrando, con una descripción de las dificultades del acto mismo de narrar y de los hechos mismos que está narrando; o bien conjeturando sobre posibles actitudes interiores, pensamientos o sentimientos del personaje; un recurso que la crítica tradicional llamaba el del "personaje autonomizado", el personaje que se enfrenta a su propio creador.

Por otro lado, este narrador que aparentemente se oculta (es un narrador invisible, los hechos surgen como por sí solos) y que se muestra, se exhibe, invade su propio discurso como narrador... este narrador se caracteriza por una ignorancia respecto de lo que va contando. Es decir, va exponiendo una serie de hechos, planteando un misterio, acerca del cual lo ignora todo. ¿Por qué hace Emma Zunz lo que hace? Es decir: ¿por qué se entrega a una serie de acciones que desde el punto de vista de la realidad objetiva, de la realidad corriente sin ningún tipo de valoraciones éticas, no suelen ocurrir?

De manera que el narrador exhibe su ignorancia respecto de eso que va narrando, y el acto mismo de narrar es la disolución de un misterio ante sus propios ojos. Esto nos permite hacer un *enganche* con lo que estábamos diciendo en la clase anterior; en la situación narrativa, en la situación ficticia de enunciación, se produce una no correferencialidad entre el sujeto de la enunciación (el sujeto que enuncia) y el sujeto empírico real que es el creador de ese sujeto de la enunciación. Recuerdan ustedes el ejemplo que vimos en la clase anterior siguiendo la postura del lingüista Emile Benveniste; es la diferencia que existe entre un enunciado ficticio y un enunciado real, es decir de la vida corriente. En el enunciado "yo digo que yo saldré", este primer "yo" no significa otra cosa que ser una instancia del discurso, es decir, aquel que emite el enunciado. En el enunciado emitido "yo digo que yo saldré", este segundo "yo" ya no es pura instancia de discurso, no es simplemente el que emite el discurso, es aquello de lo cual se está hablando; no es una persona gramatical, sino que es una persona con carga y referencia objetiva. La prueba está que se puede reemplazar por cualquier otro signo lingüístico que apunte a un referente: "Yo digo que Juan saldrá". Es decir, este segundo "yo" ya no es el emisor del discurso, es el sujeto del enunciado.

Y bien, ésta es la situación que adquiere connotaciones especiales en la enunciación ficticia, es decir en el espacio ficticio de la enunciación que es la literatura. En la literatura, el autor empírico, el sujeto Jorge Luis Borges, produce un espacio ficticio de la enunciación donde aparece un "yo" sujeto de la enunciación —el sujeto que enuncia— que enunciará acerca de sujetos del enunciado, que pueden ser Emma Zunz o también "yo", o sea el propio narrador. Entonces, ustedes ven las distancias que se abren entre el sujeto empírico, el real, Borges, el sujeto de la enunciación, y el sujeto del enunciado, que es, repito, Emma Zunz, o Borges, o aun en alguna ocasión el receptor del texto, es decir el "narratario", aquel que recibe la narración. Entre el "narratario" y el lector empírico se establecerá la misma distancia que existe entre el sujeto empírico, el autor real Jorge Luis Borges y el sujeto de la enunciación, el narrador, conformado por el texto mismo, producido por el texto mismo.

Vamos a ver entonces que este relato produce la puesta en escena de la distancia que se abre entre sujeto real-empírico-Borges, el *narrador*-sujeto de la enunciación-emisor del texto, y el *sujeto del enunciado* —que es unas veces Emma Zunz y otras veces el narrador, es decir el sujeto del enunciado que conjetura si pensó alguna vez Emma Zunz en lo que estaba haciendo... Aquí vemos exactamente el comportamiento entre los dos sujetos del enunciado: el yo que entra en el discurso y Emma Zunz, el personaje. Y esa pregunta, que es una pregunta retórica, hace suscitar de alguna manera la experiencia del receptor: el "tú" que recibe el discurso, que no es el lector empírico, es el "tú" receptor de la narración. Es decir: hay que distinguir entre receptor de la narración, o "narratario", y lector empírico, el lector real.

Es decir: la recepción de la literatura de alguna manera es una discusión, un altercado podríamos decir, entre el autor empírico, real y el narrador que crea, y el lector real y el lector condicionado por el texto. El texto crea esas dos instancias: narrador y receptor. Y, extratextualmente, están esas dos entidades que entablan relaciones harto complejas con las entidades textuales, desde luego, y que son por un lado el autor empírico y, por otro lado, el lector empírico.

autor empírico	texto literario NARRADOR ⟷ NARRATARIO	lector empírico

Entonces, en "Emma Zunz" tenemos como característica esa alternancia del relato con narrador transparente, es decir el relato en tercera persona en que el narrador parece estar totalmente ausente, y el relato en primera persona, con el narrador irrumpiendo en el relato y manifestándose como tal en el relato. Por otro lado, esa característica está aun más destacada por el hecho de que el narrador, que es el que va entregando el relato, ignora aquello que va a transmitir o que está transmitiendo al narratario. Es decir, narratario y narrador descubren al mismo tiempo la solución del misterio; el porqué de los hechos que está realizando Emma Zunz, el porqué de sus acciones.

Bien, cuando estamos hablando de relatos en primera, segunda (tenemos el caso de *La modificación*, de Butor, o de *Aura*, de Carlos Fuentes) o tercera persona, estamos hablando en esos términos porque el énfasis se pone no en el sujeto de la enunciación sino en el sujeto del enunciado. Tengan en cuenta esto. ¿Por qué un relato está en tercera persona? Porque lo que surge y se destaca es "él", es decir el sujeto del enunciado: Emma Zunz tal día recibió tal carta, etc. El énfasis, insisto, está puesto en el sujeto del enunciado. Un relato en segunda persona se caracteriza también porque el énfasis está puesto en el sujeto del enunciado y lo mismo pasa con el relato en primera persona. La diferencia consiste en que en los relatos en primera persona "coinciden" el sujeto de la enunciación y el sujeto del enunciado; es decir, el que narra, el que entrega la narración (sujeto de la enunciación) coincide con el sujeto del enunciado. El "yo" que emite y el "yo" que vive en el texto son la misma entidad, dentro del espacio narrativo son correferenciales. Y en determinadas novelas o textos se puede llegar a la ilusión de que el acto mismo de enunciar, el acto mismo de la escritura, coincide con el acto mismo de la narración. Ustedes verán que en *El juguete rabioso* Silvio Astier dirá en un momento dado: en el momento en que escribo estas páginas mi amigo tal está preso... Es decir que se produce la ilusión de la coincidencia no sólo entre sujeto de la enunciación y sujeto del enunciado, sino entre el acto mismo de la escritura, de producir la narración, y la narración misma. Lo que estoy haciendo es narrar, dice el texto, en este momento estoy narrando.

Volviendo a lo que les decía, solamente desde ese punto se puede caracterizar la situación ficcional de la narración, que consiste en crear una fuente ficticia de enunciación. Pero en cierto modo, sería equívoco pensar en relatos en tercera persona si pensamos en el sujeto del enunciado, no en el sujeto de la enunciación. Si pensamos en quién enuncia, es difícil hablar de relatos en tercera persona, porque siempre hay un "yo" que conforma el texto aun en el relato más transparente, más presuntamente objetivo, aun en el relato que procura crear la ilusión del narrador ausente, como en el comienzo de "Emma Zunz"; aun en esos casos hay un "yo" que está emitiendo. De manera tal que desde este punto de vista, todos los relatos están emitidos por ese "yo" que es el narrador. Esto no impide estudiar desde un punto de vista particular, con la metodología apropiada, las relaciones entre autor y narrador en determinado texto, pero debe quedar claro que autor y narrador son entidades distintas. El narrador está dentro del universo del texto, es una entidad más de él, por lo tanto el autor real es quien lo delinea como a todo el resto de la obra; y el autor real, empírico, es el que se ubica afuera.

Pregunta: ¿Y cuando el escritor escribe sobre sí mismo?

Pezzoni: Cuando escribe sobre sí mismo se entablan otro tipo de relaciones. Todo el fenómeno de la autobiografía y de la memoria está siendo estudiado modernamente... Hay una serie de escuelas que estudian el fenómeno de la autobiografía, están viendo precisamente cuáles son las relaciones entre el yo-empírico y el yo que se manifiesta en la autobiografía. Y además los tipos de pactos diferentes, qué hay en los contratos de lectura, qué hay en la ficción y en la autobiografía que son "pactos de lectura" muy diferentes. En la ficción, como dijimos, el narrador, por el solo hecho de narrar, autentifica los hechos; en la autobiografía hay un "pacto de verdad" de otra índole, se crea otro tipo de problemas. Pero lo importante es mantener la distinción entre esas dos entidades.

Pregunta: ¿Puede haber más de un narrador?

Pezzoni: Desde luego, usted tiene bastante experiencia como para saber que hay una serie de novelas donde se suceden los narradores y se encajan unos con otros. Pensemos en *La vorágine*, de José E. Rivera, que empieza por quien entrega un documento que es narrado por determinado sujeto de la enunciación, y en ese documento aparecen sucesivos sujetos de enunciación que toman la palabra.

Notemos que el decir del narrador siempre goza del privilegio de la autentificación; es decir, semánticamente, lo que dice el narrador es autentificador de los hechos, lo que dice el personaje se debe mantener en suspenso. Pensemos en que todas las novelas armadas por el confrontamiento del decir de los personajes crean el suspenso en cuanto a dónde está lo auténtico, lo que en la vida real llamaríamos la "verdad". ¿Cuál es la verdad en este texto? ¿Quién entrega la versión verdadera y definitiva? Piensen que *Otra vuelta de tuerca*, de Henry James, está construido sobre esa base: un relato "dicho" por un personaje que ha sido introducido por un narrador; y el personaje transmite una serie de hechos; el relato "dicho" por el personaje y modalizado a través de la duda no entrega nunca la solución final.

Pregunta: ¿Cuál es el caso del narrador que coincide con el narrador personaje?

Pezzoni: En ese caso el personaje autentifica lo que dice él mismo por ofrecer su propia imagen como narrador, su propia imagen de sujeto de la enunciación y de sujeto del enunciado. Es diferente el caso en que el narrador entra, entrega el hablar de los personajes y el receptor recibe el hablar de los personajes. E, inclusive, se puede utilizar eso al extremo de que el narrador entre en conflicto con el hablar de los personajes; los personajes pueden hablar una trama de "decires" que el narrador puede no sostener, o puede enfrentar belicosamente inclusive, o puede suspender su intervención y no aparecer y crear la ambigüedad total.

Por eso les decía que el cuento de Borges está poniendo en escena dos situaciones narrativas que están en las antípodas: el cuento empieza como un relato en tercera persona, en que el narrador parece ausente; pero de pronto se vira a la primera persona, el sujeto de la enunciación aparece como tal y representado: es un personaje, ¿cuál?, el narrador personaje que conjetura acerca de su propio relato. Entonces el cuento pone en escena esos dos tipos de situación narrativa. De la narración con el narrador "ausente" pasamos a la narración con narrador "manifiesto", representado como personaje.

Pregunta: Pero si el narrador conjetura en infinitivo, por ejemplo "cómo pensar que pasa tal cosa...", no hay ninguna persona.

Pezzoni: Lo que pasa es que ese infinitivo está en un contexto en que aparece la primera persona; "Yo tengo para mí" (*El Aleph*, OC1: 566) dice el texto, ahí aparece el yo sujeto de la enunciación.

Entonces, solamente se puede hablar de narrador en

primera, segunda o tercera persona cuando el énfasis o la focalización se pone en el sujeto de la enunciación; pero desde el punto de vista del sujeto del enunciado, ese texto siempre está emitido por un "yo", un "yo" que es conformado por el texto. Podríamos decir entonces que el relato en primera persona establecería la relación: yo/sujeto de la enunciación - yo/sujeto del enunciado. Hay coincidencia entre el sujeto de la enunciación y el del enunciado. El relato en tercera persona, el comienzo de "Emma Zunz", establece la relación "yo-emisor- sujeto de la enunciación" y "él- sujeto del enunciado". El relato en segunda persona sería la relación "yo - tú".

II

Muy bien, en "Emma Zunz" se da esta característica de la relación "yo - él", del narrador ante el personaje; y la relación "yo - yo", el narrador como tal en el relato, como personaje que emite el relato. Aparece la doble relación destacada además por el hecho de que el narrador no sabe lo que cuenta, registra los hechos.

Por eso se produce esa doble óptica fascinante del texto. Empezamos a leer los hechos que se presentan como por sí solos; luego vemos los hechos como presentados por un narrador, por un sujeto de la enunciación, pero por un sujeto de la enunciación que ignora cuál es el sentido, a dónde va a parar lo que está enunciando. Que es una manera de destacar esa relación entre el que entrega y lo que entrega, entre los hechos que entrega y los hechos mismos haciendo entrar en el juego al receptor. Tanto el narrador como el receptor participan de la misma ignorancia: ignoran por qué hace lo que hace Emma Zunz, aunque cierto saber empírico le permite saber al lector real que Emma va a cometer un crimen, que Emma va a asesinar al culpable verdadero del desfalco por el cual ha sido apresado su padre.

Es decir que, por la frecuentación de la realidad y por

la frecuentación de la literatura, sabemos que se va a cometer un crimen, pero ignoramos cómo se va a cometer y por qué hace lo que hace el personaje; ignorancia que comparten, insisto, narrador y lector. En el texto ni el narrador ni el receptor conocen el porqué de las acciones del personaje. Y ahí hay un dato interesante en cuanto a la autentificación de los hechos: fíjense que de pronto Emma Zunz adquiere el status de narrador. Habrán observado ustedes que a lo largo del texto Emma Zunz calla, no hay *decir* del personaje, no hay ninguna forma de discurso referido del personaje; hasta sería muy difícil rastrear formas de discurso indirecto. Es el narrador el que emite los hechos o es el narrador el que, invadiendo el relato, conjetura acerca de ellos; el personaje calla, y de pronto el primer misterio del relato (vamos a ver que hay dos) se soluciona por boca del personaje. El personaje habla una sola vez, y el personaje dice la verdad, lo auténtico de la situación. No es el narrador; es el personaje el que saca de su ignorancia al narrador y al lector. Situación que, como vamos a ver, pone en juego ciertas leyes de la institución narrativa, las leyes de los contratos de lectura narrativos, y ciertas formas del contrato narrativo especial que es la novela policial, a lo cual vamos a pasar más adelante.

Entonces podríamos decir, como primera observación, que este texto pone en escena toda la situación narrativa, las complejas relaciones que existen entre narrador, sujeto de la enunciación, personaje sujeto del enunciado, receptor del texto (aquel con el cual está dialogando el texto). Y más aún: podríamos decir que hasta tal punto está dramatizada esa situación narrativa en este texto que tanto el sujeto de la enunciación (emisor), como el sujeto del enunciado (personaje), como el receptor del enunciado, adquieren *status* de personajes; son personajes que están implicados en la acción y, además, son personajes de toda la situación narrativa, del hecho narrado. Esos tres personajes son evidentemente: el narrador, Emma Zunz y el receptor. Emma Zunz domina aparentemente el relato, es un personaje dedicado a un "hacer" acerca del cual el narrador conjetura; es el personaje que habla, dice, enuncia la verdad del texto aparentemente. Es un personaje que luego fracasa. ¿Por qué? Porque en el segundo desenlace del cuento, como lo veremos más adelante, es deshecho por el narrador; en el sentido de que cuando Emma Zunz triunfa y cuenta su coartada a la policía, el narrador aparece y se confrontan los dos "decires": el del personaje y el del narrador, que interpreta el texto y propone una segunda lectura del texto en que el personaje es deshecho. Es decir, de alguna manera el narrador se venga del personaje sometiéndolo a él; haciendo que el personaje triunfe y entregue la verdad y luego haciendo añicos al personaje, deshaciéndolo en una segunda lectura. Característico, por lo demás, como veremos, de la literatura de Borges; ésta se caracteriza por ser de relatos de finales abiertos, [que] admiten unas y otras interpretaciones posibles, y el texto exhibe esas interpretaciones para desecharlas todas. Es decir: el texto en Borges siempre propone ser el relato posible, no el relato definitivo; esto lo dice el crítico francés Macherey;[75] es la posibilidad de un relato que no acaba nunca. Borges escribe los relatos que se podrían escribir, apunta a un relato definitivo que nunca se produce.

Bien. Por un lado tenemos esta manera de poner en escena la situación narrativa, con características muy especiales; pero por otro lado, el relato funciona de una manera muy diferente: el relato produce una fuerte impresión de realidad. Supongo que ustedes habrán tenido esa *impresión de realidad* que produce el texto, el caso de Emma Zunz. ¿Qué hace que se lo vea como transcripción de hechos reales? Un texto que, por otro lado, se está exhibiendo como pacto de lectura, como armazón y estructura de la situación ficticia de enunciación, se está exhibiendo como literatura, como hecho de literatura. ¿Cómo es posi-

[75] Pierre Macherey: "Borges et le récit fictif", *Pour une théorie de la production littéraire*, *op. cit.*

ble que puedan coincidir en un texto esas dos vertientes tan diferentes?

Para empezar, yo creo que la impresión de realismo que produce el texto se explica por dos razones. En primer lugar, el relato *finge* (no en el sentido peyorativo), se arma como fingiendo abrirse y transportarse a todo lo que es el extratexto. El texto se abre a una serie de formas extratextuales, exteriores a él. ¿Cuáles son esos posibles códigos que están afuera del texto y a los cuales se puede abrir él? Puede ser el discurso histórico, o sea la mención de realidades no lingüísticas, de hechos reales que aparecen fuera del texto, o espacios reales (aquí aparece Almagro, Warnes, la recova, etc.); lo que podríamos llamar el discurso político ideológico, o sea los ideales o las visiones colectivas de una comunidad; o bien el discurso formal, o sea el texto, que se acomoda dentro de un elemento de la institución literaria que es el género literario, el género literario al cual responde. Es decir, todo texto, aunque sea el más aislado, siempre de alguna manera se proyecta sobre algún género o sub-género: cierto tipo de novela, cierto tipo de poesía, etc., que rubrica el texto como aceptable porque cumple con la norma del género.

Este texto evidentemente se aviene en un tipo de género, en la novela policial; se trata de descubrir algo, un misterio. Por lo tanto, este texto que, como decíamos recibe toda la situación de lo ficticio, se recibe como real. Por un lado se está proyectando sobre un género, un género al cual viola —la novela policial—, respecto del cual cumple ciertos requisitos pero no otros.

Pero, por otro lado, el texto también se recorta contra ciertos códigos imperantes en el espacio socio-cultural. El relato es una narración aparentemente testimonial de lo que podríamos llamar un "caso", el cual tiene un fuerte atractivo de verosimilitud porque es posible reconocerlo como el "caso" narrado por la típica crónica policial, o el caso narrado por el estudio psicológico o psicoanalítico, etc. "Caso" según el diccionario significa dos cosas: suceso o acontecimiento, y también pregunta acerca de algo. El caso siempre es el acontecimiento que está planteando una pregunta acerca de la razón de ser de ese acontecimiento.

Y, de alguna manera, el "caso" Emma Zunz se presenta como caso en diferentes perspectivas. Por empezar, se plantea como caso jurídico: Emma Zunz comete un crimen para reparar la injusticia de la justicia humana. Plantea el conflicto entre la norma que aplica la ley, el artículo de la ley, y su ineficacia. Entonces, lo que está exhibiendo el caso Emma Zunz es, precisamente, el problema que surge cuando la norma abstracta, virtual, del artículo de la ley, se actualiza en la acción concreta de un personaje. La norma, al encarnarse en los personajes, produce un conflicto de decisión, produce un problema. De manera tal que el caso Emma Zunz plantea una serie de problemas: ¿Emma Zunz es culpable o no es culpable?, ¿Emma Zunz es punible o no es punible?

El primer problema, la primera situación de "caso" de Emma Zunz, es el conflicto entre la norma como virtualidad y la norma concretizada en una situación dada. En general, podríamos decir nosotros que en todo "caso", en el caso que analiza la jurisprudencia, siempre se establece un conflicto entre la norma evaluante (el artículo de la ley que actúa como modelo virtual) y el proceso evaluado (el individuo que ha cometido determinada acción). Proceso evaluado y norma evaluante entran en conflicto.

Por otro lado, el "caso" de Emma Zunz es lo que podríamos llamar un "caso de conciencia". En este sentido, desde el punto de vista de la interioridad de Emma Zunz, el problema consistiría en cómo evalúa ella la norma. ¿Cómo se siente Emma Zunz, culpable o inocente? El personaje se atribuye la realización de la justicia y elabora la coartada porque la justicia es incapaz de castigarla, las normas jurídicas han dejado de funcionar. Emma Zunz es anormal, en el sentido literal de la palabra: se aparta de la norma, y ejerce la suya propia, y no puede ser castigada por aquella norma que ha perdido validez; se sitúa en la anormalidad.

Otro tipo de lectura del "caso": la anormalidad de Emma Zunz respecto de las pautas que la sociedad considera sancionables o no, en cuanto a la motivación que impulsa a la realización de determinados actos. ¿Emma Zunz hace lo que hace solamente para vengar a su padre y vengarse de la justicia? ¿Es decir para reimponer su propia norma? ¿O bien hay otro tipo de motivaciones en Emma Zunz? Surge la tentación, entonces, de considerar al personaje, no como surgido del texto, sino como alguien que viene desde afuera, de la realidad; de considerar a Emma Zunz como un caso clínico. Emma Zunz, como haría una muy ingenua lectura psicoanalítica, sería como una mujer obsesionada por el incesto, una mujer que quiere tener relaciones con el padre muerto. Lectura muy ingenua, que aplica muy mecánicamente el código psicoanalítico, como en efecto se ha hecho respecto de "Emma Zunz".

Por ejemplo, en un libro de varios autores llamado *Psicoanálisis y crítica literaria*, editado en Madrid en 1981, Páramo Ortega[76] llega a ejemplos *deliciosos* de aplicación de una manera mecánica y simplista de ciertas pautas psicoanalíticas al *ambiguo* caso de Emma Zunz. Porque si por algo se caracteriza este texto es por su polisemia, por la multiplicidad de significados posibles. El texto de Páramo Ortega propone una modestísima lectura psicoanalítica llegando a conclusiones de este tipo: el núcleo de la hipótesis interpretativa es el siguiente: "Emma mata en Loewenthal (el acusador falsario de su padre) a sí misma, en virtud de aquello de que todo homicidio es un suicidio (y viceversa)." Lo cual es una gloriosa generalización: todo homicidio es un suicidio y todo suicidio es un homicidio. "... mata por sentimiento de culpa", continúa Ortega, "de por fin haber cedido a la tentación de haberse acostado con su padre (en el pellejo del marinero finlandés o sueco a quien se entrega)". Al matar a Loewenthal mata también a su padre por haberla violado: "Tú, padre,

[76] Parámo Ortega: "Intento de interpretación psicoanalítica de un cuento de J. L. Borges", págs. 137-146, en: *Psicoanálisis y crítica literaria*, Madrid: Akal/Bolsillo, 1981, compilación y traducción de Juan M. Azpitarte Almagro.

me violaste, no es que yo haya tenido de deseos de acostarme contigo". Vean que Páramo Ortega llega al delirio de la paráfrasis; y si Borges, o el narrador, se cuidan muy bien de hacer hablar al personaje y solamente lo hace[n] hablar al final para que lo que dice suene como la voz de la verdad en el texto, Páramo Ortega alegremente parafrasea a Emma Zunz y piensa en lo que está diciendo Emma Zunz en el momento de yacer con el sueco, o finlandés. "Emma Zunz" —continúa Páramo— "ve simbólicamente tanto en Loewenthal como en el marinero, la figura de su padre. Hacia el marinero desplaza su impulso sexual y hacia Loewenthal su agresión al padre en quien primero proyectó su deseo de comercio sexual." Vean que el autor es españolísimo en su lenguaje; y notemos también la gran economía de Emma Zunz: ella quería acostarse con el padre, pero como no podía se acuesta con el marinero (= impulso sexual); pero como también se tiene que vengar del padre que la violó, lo mata a Loewenthal. Tenía un gran sentido de la economía.

Bien, creo que este exordio cómico está probando lo que queremos decir: esta fuerte ilusión de realismo que produce el texto. No estamos abogando en contra del análisis psicoanalítico, lo que sucede es que este texto de Ortega es una reducción al absurdo de lo que sería un análisis de este tipo.

III

También el texto es aceptado como verosímil porque se recorta contra otro discurso que es el genérico, el de otra novela que es la novela policial. El texto se recorta contra otro género literario, el de la novela policial. El relato es una novela policial *sui generis*. El texto parece tomar las pautas de la novela policial, pero las trastorna. Por eso el texto es desasosegante: se propone como realista y se exhibe como situación ficticia narrativa con procedimientos literarios. Se propone como "caso real" y exhibe las estructuras para la confección de ese caso "real". Se propone como manifestación puramente obediente de un género y a la vez dinamita las reglas del género. El texto desasosiega, tranquiliza e inquieta simultáneamente al receptor del texto.

Veamos esto. Fíjense ustedes que todo texto policial consiste en descifrar un enigma, es decir en plantearlo y descifrarlo; generalmente, un enigma que está situado en el pasado. En la novela policial el crimen se ha cometido y el texto policial muestra las maneras de descubrir al culpable; o sea que, en líneas generales, la novela policial trabaja en una dimensión retrospectiva. El texto de Borges, como otro tipo de novela policial, va a trabajar en una dimensión prospectiva.

Por lo demás, no se trata de descubrir quién es el autor del crimen y ni siquiera si ha habido crimen: el lector "sabe" por las leyes de la probabilidad objetiva que Emma va a matar al verdadero culpable, a Loewenthal. Emma Zunz que calla doblemente: calla en el texto, no habla en el texto, y calla también en el espacio creado en el texto, no habla con nadie del crimen, no habla con sus amigas íntimas. Emma calla en la vida "real" (en el espacio representado), y calla en el texto hasta que triunfa momentáneamente y declara la verdad e impone su norma frente a la otra norma. Entonces, en ese texto todo es prospectivo. Por un lado, sabemos —el narrador y el lector saben— qué es lo que va a hacer Emma Zunz; pero ignoran cómo va a hacerlo y por qué está haciendo lo que está haciendo. El texto trabaja con el suspenso y con el misterio pero proyectándose hacia adelante a diferencia de las novelas policiales que se proyectan retrospectivamente.

En este sentido, hay una buena sistematización sobre la novela policial, en "Typologie du roman policier", de Tzvetan Todorov, que está en *Poétique de la prose*; creo que no tiene traducción, es de ediciones de Seuil, 1971, París. La sistematización que propone Todorov de la novela policial es la siguiente: la novela policial es un relato de dos crímenes, uno es el cometido por el asesino, el otro es el cometido por el detective, del cual la víctima es el asesino. Entonces la novela policial es un doble duelo: el del asesino y la víctima, y el del detective y el asesino. Nosotros vamos a insistir en un punto en el que no se detiene Todorov; es el hecho de que hay *un tercer duelo* en la novela policial: si existe un duelo entre el asesino y la víctima y otro entre el detective y el asesino, hay un tercer duelo entre el narrador y el lector. Es decir, el narrador narra cómo se construye un crimen, pero lucha con el narratario para que el receptor no lo descubra antes de tiempo. O sea, la novela policial termina con la solución del crimen. Y fíjense lo interesante del contrato de lectura que establece la novela policial: se trata de un juego limpio. El lector sabe dos cosas: que se le va a dar la solución y que se le están dando todo el tiempo indicios para que llegue a ella; pero esos indicios están dados de tal manera que no pueda desentrañarlos. Sabe que no se lo engaña, pero sabe que se le dan todos esos indicios de tal manera que pueda reordenarlos como en una especie de epifanía cuando llega a la solución, al final, y no antes. Las reglas del género son ésas.

Muchas veces se ha asociado la adivinanza a la novela policial, pero tienen las siguientes diferencias: la adivinanza es un juego sucio, en cambio la novela policial es limpio. En ésta hay indicios pero dados de tal manera que el enigma permanezca oculto hasta el final, en cambio la adivinanza contiene en la pregunta la respuesta: trampea, engaña. Por lo general, la adivinanza trabaja con recursos lingüísticos.

Esos dobles juegos Borges los espectaculariza de una manera especial: aquí los que entran en el juego son narrador y lector con el personaje. El narrador ignora tanto como el receptor lo que el personaje hace; aquellos dos aguardan el decir del personaje: éste dice, cierra el caso, pronuncia su concepción de la norma y se acaba el caso. Pero el caso se reabre: el narrador surge y deshace al personaje y propone una segunda interpretación.

Por otro lado, observa Todorov, en la novela policial se dan particularmente esos dos aspectos que los Formalistas Rusos denominaron "Fábula" como opuesta a "Siujet", que en otra terminología se nombra como "Historia versus Discurso", o en otra "Trama versus Argumento". "Fábula" son los hechos que ocurren en un texto percibidos en un nivel de abstracción; en cambio "Siujet", o discurso o argumento, es tal como aparece en la superficie del texto. Podríamos decir que son dos faces de una misma serie de hechos: que pueden ser vistos como "Fábula" o como "Siujet". Paradójicamente, observa Todorov que están presentes en la novela policial a la vez ambas entidades, la historia y el discurso.

En la novela policial, la historia, la trama, o la "Fábula" es en realidad la historia de una ausencia: no puede estar presente en el libro porque es precisamente la historia del crimen que se ha cometido. La segunda historia es la que lleva a la primera, a la historia del crimen; es decir, el "Siujet" se muestra como los actos de busca para llegar a la historia. Podríamos decir entonces que el "Siujet" en sí es insignificante, que consiste en todos los elementos de busca para llegar a la historia, al crimen que se cometió que no está presente en el texto, sino oculto. Todorov está hablando de la novela policial inglesa, en la novela negra norteamericana la línea no es tan retrospectiva sino más bien prospectiva.

Clase 8 (2 de julio de 1984)

En la clase anterior vimos cómo el texto de "Emma Zunz" permite una serie de lecturas casi excluyentes. Por un lado, la exhibición de la situación narrativa: complejas relaciones entre el sujeto de la enunciación, el sujeto del enunciado y el receptor de ese acto ficticio de enunciación que es la historia de Emma Zunz. Por otro lado, la alienación del texto en determinados discursos: Emma Zunz caso jurídico (contraposición de la norma virtual, del artículo de la ley y de la norma actualizada en el acto de Emma Zunz, el ejercer justicia por sí misma); caso de conciencia, y aun de conducta marginal, que suscita, casi provoca, la lectura del texto desde determinados códigos exteriores. Hemos visto como ejemplo ese remedo simplista de lectura psicoanalítica; postura achacable al crítico, sin duda, pero que de alguna manera da cuenta de la particular fascinación realista que ejerce el texto.

A todo esto se suma, dijimos, el hecho de que la competencia literaria del lector hace que se reciba el texto como un caso *sui generis*, un caso de novela policial. Recuerden ustedes que observamos algunas pautas referidas al género policial, tal como las describe Todorov en el libro *Poétique de la prose*. Vimos que las pautas fundamentales son la situación de duelo entre el criminal y el detective (dos tipos de víctimas: el asesinado, víctima del asesino y el asesino víctima del detective). Y, por otro lado, vimos la presencia de un duelo entre el narrador y el lector, es decir que el narrador provoca al receptor para que dilucide el misterio, le ofrece indicios, pero construidos tan especialmente que sólo pueden dilucidarse al final del relato. Es un contrato de lectura especial: el lector sabe que el misterio se va a dilucidar, y sabe que le están ofreciendo indicios y que éstos deben estar presentados de tal manera que se iluminen terminada la lectura. Como en ciertos géneros, la lectura de la novela policial es una lectura irreversible: el lector, el receptor, adquiere un saber al final de la novela que impide el funcionamiento del texto como en la primera lectura. Es decir, la segunda lectura permitirá desentrañar las construcciones del relato policial pero no el funcionamiento del relato policial como tal.

I

Otra investigadora que se ha ocupado de problemas de la novela policial es Donna Bennet, en un artículo cuya traducción del inglés sería "El relato policial: hacia una definición del género";[77] insiste un poco en ese otro aspecto, dejado un poco de lado por Todorov, o sea en esa situación de duelo entre el narrador y el lector. Esa imbricación de duelos: el detective con el criminal, el criminal con la víctima, el narrador con el lector.

Su caracterización de la novela policial es la de un pseudo-problema, es decir de un problema aparente que más que nada es una demostración de cómo se resuelve un problema. Narrar una novela policial es mostrar la manera de resolución, desde la delineación y el planteamiento del problema hasta su resolución. Esta definición se parece más a la novela policial clásica, sin incluir a la novela negra.

La novela de enigma y la novela negra se caracterizan por tener elementos de diversa índole, pero sobre todo por el hecho de que avanzan en distinto sentido. Ya hemos observado que las novelas policiales de enigma, las que res-

[77] Donna Bennet: "The detective Story. Towards a Definition of Genre", *PTL: A journal for Descriptive Poetics and Theory*, número 4, 1979, págs. 233-266.

ponden a los esquemas clásicos, son novelas retrospectivas, es decir que se avanza desde el crimen ya cometido hacia la dilucidación de quién es el criminal. En cambio en las novelas de violencia, en la novela negra, lo que importa es la prospectiva, es decir cómo se va hacia la solución del crimen o hacia la posible aparición de nuevos crímenes y de nuevos asesinatos. O sea que son dos vertientes y dos tipologías, o subtipologías, dentro de la novela policial. En este sentido, si me detengo algo en la primera vertiente, es porque, como veremos, ese género falsamente asumido por Borges parece responder más al esquema clásico. Y las propias declaraciones de Borges así lo atestiguan, aparentemente.

Con respecto a la adivinanza, recuerden ustedes que la diferencia es que el juego es distinto. La novela policial es un juego limpio, en el sentido de que el lector sabe que no resolverá el problema hasta el final. En cambio, la adivinanza, generalmente con recursos de tipo lingüístico, como, por ejemplo, parecidos entre palabras, propone una pregunta que ya contiene en su interior la respuesta; es una vuelta de tuerca del enigma que responde a otro tipo de contrato con el receptor. Además no ofrece, como la novela policial, la demostración de cómo se resuelve el problema. Esto es lo que está ausente en la adivinanza. La adivinanza es un ardid, la novela policial es una demostración.

Otro punto fundamental que nos interesa especialmente para ver cómo está estructurado el texto de Borges es la manifestación, muy marcada en la novela policial, de la "Historia y el Discurso", o "Fábula y Siujet", o "Trama y Argumento". Recuerden ustedes que en todo texto la historia es una suerte de abstracción que consiste en los acontecimientos visualizados en el nivel de abstracción de acuerdo, por ejemplo, con un orden cronológico. Mientras que el texto mismo, o sea el discurso, lo que está ofreciendo es la misma serie de acontecimientos pero con una estructuración determinada, por ejemplo, con alteraciones cronológicas.

Se da de una manera muy espectacular esto en la novela policial porque la historia, el crimen, está ausente. Es precisamente a la historia adonde hay que llegar desde el discurso, que es como se resuelve el crimen, como se llega a la historia, que, por otra parte, es fantasmática, está ausente.

Donna Bennet propone en su trabajo una dilucidación de las unidades del texto que es interesante: hay en todo género policial una historia "invisible" que es el crimen, que generalmente está situada en perspectiva. En el caso de Borges, en prospectiva, ya que el crimen se va a cometer, lo que importa es cómo se va a cometer; es decir que el enigma está al final, no al principio. En toda novela policial hay, pues, una historia invisible, la historia del crimen, y una historia visible que contiene incluso la descripción del crimen; o, por lo menos, varios aspectos vinculados con el crimen cometido como el hallazgo del cadáver, ciertas circunstancias, etc. Es decir que, entonces, en la novela policial coinciden historia visible e historia invisible.

Ahora bien, en la novela policial esta historia invisible (o historia, como la llaman los formalistas) es el crimen cometido; crimen que está ausente en el texto y en cuya busca se parte. Esta historia, entonces, en la novela policial está tematizada como tal, a diferencia de los textos corrientes. La novela policial tematiza su historia, la novela policial está diciendo que este discurso, este "Siujet", es la busca de la historia. En la novela policial, elementos de la historia afloran de cuando en cuando a lo largo del discurso, o sea, son precisamente indicios relacionados con el crimen.

Entonces: ¿qué tienen en común esa historia invisible que es la historia del crimen con ese texto que es el discurso?

Tienen en común la presencia de un núcleo que son los elementos en torno del crimen, los elementos que están rodeando esa acción llamada crimen, y que afloran en la superficie textual del discurso. Es decir que la historia, la historia del crimen, esa narración fantasmática, esa narración que está ausente del texto, es aquello en cuya busca hay que ir.

La historia y el discurso tienen un núcleo común que es el crimen, y que se manifiesta por lo que Donna Bennet llama "scionarrative". La palabra "scion" significa en inglés descendiente y gajo o brote; o sea que podríamos traducirla como "narración-brote". Entonces, el discurso transcurre y en ese transcurrir aparece un brote que es la "scionarrative", o sea la manifestación en la superficie textual de esa historia a cuya búsqueda se dedican el narrador, el personaje detective y el receptor.

De modo que las unidades de la novela policial serían entonces el discurso (la superficie textual), la narración fantasma (la historia), y la "narración-gajo" que aflora como manifestación de esa entidad fantasmática.

Un elemento fundamental de manifestación por parte de la narración fantasma (la historia) mediante los brotes que proyecta en el texto es la fragmentación. La fragmentación es fundamental. No me refiero ahora a aquella antigua tentación a la que se refirió la clase pasada el profesor Panesi, a la tentación de fragmentar un texto, tentación que arranca de la inspiración lingüística del estructuralismo; no me refiero a la actitud con que el crítico se dirige al texto y construye su objeto de estudio, lo produce, que es el texto fragmentado. Me refiero a que un elemento constitutivo fundamental de la novela policial es el texto fragmentado, con una superficie de narración en la cual la fragmentación es parte constitutiva; podrán ustedes observarlo en la serie de micro relatos que va produciendo el significante textual que es "Emma Zunz". Ustedes observen que "Emma Zunz" consiste en una serie de micro relatos que desembocan en misteriosos desenlaces o cuasi desenlaces: *Así pasó la víspera,*[78] y termina un fragmento y se inicia otro fragmento con una serie de acciones por el momento misteriosas, hasta que llega el momento del crimen esperado y la voz del personaje que revela el enigma: por qué hizo lo que hizo.

En la novela policial, entonces, la fragmentación es parte constitutiva del texto y es un elemento que utilizará siem-

[78] "Así, laborioso y trivial, pasó el viernes quince, la víspera." (*El Aleph*, OC1: 565)

pre Borges, con el cual está construida casi toda su literatura: el texto fragmentado y con estructura laberíntica, es decir micro relatos con seudo desenlaces que son o anulados o discutidos por el comienzo de un micro relato dentro del relato. Más adelante verán, cuando tomemos un texto de Borges como "El inmortal", cómo es especialmente notable esa construcción en este texto, cómo esa imbricación laberíntica de micro relatos desemboca no solamente en sorpresas finales que cierran cada micro relato del texto, sino en interpretaciones de lo ya narrado que son inmediatamente puestas en duda, problematizadas y cuestionadas por el nuevo micro relato que se inicia; que es, en definitiva, como vamos a ver, el final de "Emma Zunz", es decir la doble sorpresa final y el cuestionamiento de la solución ofrecida, y la propuesta o la apertura a una nueva y provisional solución.

La fragmentación en la novela policial es constante. Se ve por unidades de construcción tales como escenas aisladas donde aparece, surge la "narración-gajo", o sea la manifestación de la historia; se ve en la manera de organizar los informes, los datos, etc., y en la manera de trabar los micro relatos que dan al texto toda esa estructura fragmentaria. Por ejemplo, las escenas aisladas que ofrecen informes desencaminadores o ambiguos, es decir polisémicos, con muchas posibilidades de interpretación; o las digresiones que permiten la acumulación de hipótesis diversas. Entonces, en un texto como "Emma Zunz", el contrato de buena fe entre narrador y lector adquiere una circunstancia especial.

Ya hemos visto que en la novela policial es fundamental el duelo entre el narrador y el lector. Ese pacto de lectura que se establece tiene tal fuerza que si el lector descubre la solución antes de tiempo se siente frustrado. La solución tiene que surgir como una epifanía, como una revelación, y tiene que maravillar por la habilidad con que ha sido estructurada a través de la "narración-brote", y de cómo va ofreciendo y retaceando ella la solución. En ese juego del ofrecer y el escatimarse consiste todo el juego y el pacto de lectura que es la novela policial.

Bien, en "Emma Zunz", entonces, la peculiaridad consiste en que no hay duelo entre el narrador y el receptor o lector del texto. El narrador y el receptor están aliados por la ignorancia, es decir no saben, ignoran por qué Emma Zunz hace lo que hace. Saben, porque las probabilidades objetivas extratextuales se lo demuestran, que Emma Zunz cometerá un acto de venganza que ella denomina "la justicia" —la justicia por encima de la justicia humana, por encima del artículo de la ley que ha fallado.

Saben que se cometerá el crimen, el misterio consiste en no saber qué relación existe entre las misteriosas acciones de Emma Zunz. Estas acciones pueden explicitar una lectura psicoanalítica o aun filosófica; hay lecturas filosóficas de determinadas actitudes de Emma Zunz que muestran a Emma Zunz como una hipóstasis de Emmanuel Zunz, y establecen una relación que el texto, por otro lado, está proponiendo jugetonamente entre los nombres Emmanuel y Emma.

II

Si algo son los textos de Borges, son *juguetones*: juegan todo el tiempo, ofrecen toda clase de anzuelos para provocar al lector pendencieramente. Además, Borges juzga sus cuentos desde sus prólogos, desde las notas al pie, etc., y suma nuevas interpretaciones a las posibles para desecharlas todas. Es decir: la característica de la literatura es su polisemia absoluta, su riquísima ambigüedad, en definitiva. Entonces: lector y narrador aislados en su ignorancia; lector y narrador enfrentados, tematizados como personajes. Son dos "actantes", es decir dos categorías de personajes cuya característica común, por el lado del narrador, es emitir aquello cuyo sentido ignora, y, por el lado del otro actante, del lector, es recibir algo cuyo sentido ignora. Y, en el centro, triunfando y dueña de un saber, Emma Zunz.

Emma Zunz pasa del saber a la acción; recibe la carta en que se le informa la muerte de su padre y el secreto en cuanto al verdadero culpable. Y, dueña de un saber, empieza a convertirlo en *praxis*, en acción, trabaja en el texto. ¿Y qué hace en definitiva? En un nivel de lectura es, como lo dilucidará ella misma al final, dueña del relato; hasta ese momento lo que hará es preparar la coartada. Pero, al mismo tiempo, el narrador que está atrás, está construyendo, está utilizando a Emma Zunz en un sentido simbólico. Está utilizando la figura del personaje para mostrar cómo se fabula, cómo se hace literatura, cómo se inventa una narración. Sobre todo mediante un sistema de intercambio económico: tal cosa debe hacer las veces de tal otra cosa. El padre de Emma Zunz ha hecho las veces, ante la justicia, de Aarón Loewenthal; inmediatamente, eso se transforma en un plan de acción de Emma Zunz: el marinero sueco hará las veces de Loewenthal, ella hará las veces de la justicia.

Lo que les quiero decir es que en un nivel de lectura la historia se lee como un acto justiciero, como un caso de conciencia. En otro nivel de lectura se ve como una manifestación simbólica del acto de fabular, de hacer literatura. Emma Zunz arma un relato sobre la base del juego de las transformaciones, y de las transformaciones éticoeconómicas entre el que hace las veces de algo y aquel que padece, sobrelleva el castigo. En el relato se paga por todo; Emma Zunz paga por su coartada, inclusive: paga con su virginidad perdida. Entonces, tenemos los tres personajes centrales, Emma Zunz, el lector y el narrador; los tres metidos en esa doble situación narrativa que consiste en la entrega de un relato por el narrador al lector, y la doble actitud de ignorancia del narrador y del lector frente al personaje que simboliza la fabulación literaria, que muestra el acto de construirse un texto.

Tomaremos la nomenclatura de Philippe Hamon, autor de un texto titulado "Statut sémiologique du personnage" (Estatuto semiológico del personaje), publicado en la revista *Littérature*, número 6, 1972. En el artículo se estudia al personaje como signo funcionando en la estructura narrativa; para los de Letras que están haciendo gramática les puedo hacer la comparación y decirles que estudia al personaje como morfema vacío que se va cargando de sentido. El personaje como una unidad de significación al principio vacía que se va cargando de sentido a medida que se construye el texto. Hamon no propone ninguna teoría original, sino que trabaja con una serie de teorías lingüísticas, semiológicas, para transportarlas a la categoría del personaje. Entonces, entre las varias clasificaciones del personaje que propone, una nos puede ser útil en este caso: la presencia de "personajes referenciales" y de "personajes embrague".

"Personaje referencial" sería para Hamon aquel que crea una fuerte sensación de realidad; es decir, personajes que parecen provenir del extratexto, de la realidad; es el caso de los personajes históricos, por ejemplo, en *Guerra y paz* de Tolstoi. Pero no son únicamente éstos los que pueden ser referenciales, también pueden serlo aquellos que apuntan por determinadas características a ciertos referentes reales. Piensen ustedes en que Emma Zunz, Loewenthal, Perla Kronfuss, Elsa Urstein, los personajes que están en este texto, reciben todos nombres propios que cargan de características socioétnicas a estos personajes. Todos esos nombres están cargando de un aura de referencialidad a Emma Zunz y los otros. O sea, los rodean por el solo hecho del significante, que es el nombre, de características socioétnicas, a las cuales se suman los elementos que va dando el texto acerca de ellos.

Es decir, los nombres ligan poderosamente a los personajes a la cultura, a un ámbito sociocultural determinado. Son nombres que parecen venir de las mismas zonas remotas para la zona de Warnes o de Almagro. De modo que de una manera se los caracteriza y de la misma manera se los vuelve remotos, pero el texto abunda en características que cargan también de fuerte contenido referencial al texto. Piensen ustedes cómo, en retahíla, se dan características de Emma Zunz:

"A las seis, concluido el trabajo, fue con Elsa a un club de mujeres, que tiene gimnasio y pileta. Se inscribieron; tuvo que repetir y deletrear su nombre y su apellido; tuvo que festejar las bromas vulgares que comentan la revisación." (*El Aleph*, OC1: 565)

Ésta es la segunda caracterización del personaje que se va llenando de atributos. Antes decía: "Había en la fábrica rumores de huelga; Emma se declaró, como siempre, contra toda violencia". (*El Aleph*, OC1: 565) Ésta es la primera caracterización sociocultural de Emma; después viene la otra. Entonces, tenemos: enemiga de la violencia, pudorosa. El morfema vacío se ha llenado de atributos. Es decir, en términos de Roland Barthes, ese "sema" ha atraído una serie de unidades de significación y se ha colmado.

Recuerden la descripción de Loewenthal, donde aparecen rasgos característicos del estilo borgeano. La ironía: "Aarón Loewenthal era para todos un hombre serio; para sus pocos íntimos, un avaro". (*El Aleph*, OC1: 566) Es decir, la ironía toma las formas habituales del elogio para usarlas para el detrimento. Recuerden el célebre artículo de Borges llamado "El arte de injuriar",[79] en donde analiza los procedimientos del insulto en base a una serie de insultos célebres. Los que parecen eufemismos son en realidad intensificadores de insulto; o los que parecen elogios son en realidad desenmascaradores de insultos. En esta descripción de Loewenthal el recurso es semejante: "Había llorado con decoro, el año anterior, la inesperada muerte de su mujer —¡una Gass, que le trajo una buena dote!— pero el dinero era su verdadera pasión". (*El Aleph*, OC1: 566-567) El juego de las rupturas del texto es excelente: "llorar con decoro" pero la sorpresa: "el dinero era su verdadera pasión". (*El Aleph*, OC1: 567)

Entonces, por un lado, "personajes referenciales", cuyas características ya comentamos; y "personajes embrague", por el otro. Recuerden que la característica lingüística "embrague" es una categoría cuyo nombre fue acuñado por

[79] Publicado por primera vez en: *Sur*, número 8, Bs. As., 09/1933, págs. 69-76; en volumen, en: *Historia de la eternidad*, a partir de la primera edición (Bs. As.: Viau y Zona, 1936).

Jakobson. La categoría de "embrague" (deícticos, como también se los llama) es aquella a la cual pertenecen ciertas unidades lingüísticas cuya significación de enunciación está fuertemente ligada o consiste en el hecho de la situación de enunciación. Categorías como "aquí" y "ahora", categorías como "yo" y "tú", no tienen otra significación que la de ser instancias del discurso: "yo" = emisor; "tú" = receptor; "aquí" = lugar; "ahora" = tiempo. Funcionan solamente en relación con la instancia del discurso.

Bien, los "personajes embrague" serían aquellos que funcionan de acuerdo con la estructura de ese discurso que es la narración; personajes cuya significación consiste en ser emisores o receptores del relato. Me estoy refiriendo al caso de la novela policial, cómo los fragmentos se encajan, se enclavan unos a otros. Y la presencia de los "personajes embrague" que funcionan por su presencia en el hilo del discurso es necesaria.

Una subcategoría de alguna manera serían los personajes anafóricos, es decir los personajes que remiten de una a otra parte del texto; los personajes que en un momento dado recuerdan algo que ya ocurrió en el texto, en el discurso, que trae a colación, como diría un abogado, lo que se dijo antes en el texto. Aquí el narrador y el receptor son "personajes embrague": funcionan como manera de manifestar esa instancia particular del discurso literario que es el género policial, y estableciendo dentro del espacio narrativo que es el relato formas de transcurrir el discurso. Bien, todo esto nos está diciendo que esa manera de construir el relato de Borges, de volcarse contra un género literario, de dirigirse a una base de contrato que es el género policial, nos está diciendo en qué consiste la solución del enigma. Ya hemos visto que este relato se proyecta hacia adelante: lo que importa es el cómo del crimen, no la dilucidación. Emma es desde el comienzo la criminal, la expectativa no consiste en saber quién será el criminal sino en saber cómo será el crimen. Todo esto nos permite anticipar por qué Borges utiliza esta aparente sujeción al discurso formal: será la búsqueda de la solución del enigma lo que le permitirá, aparentemente, acatar y, al mismo tiempo, violentar las reglas genéricas. El movimiento de Borges será doble.

III

Desde muy temprano en realidad, Borges se interesa por el género policial. Desde sus primeros textos medita sobre el género. Por ejemplo, en "Los laberintos policiales y Chesterton", publicado en el número 10 de *Sur*, en julio de 1935 (págs. 92-94); y en "Modos de G. K. Chesterton", publicado en el número 22 de la misma revista, en julio de 1936 (págs. 47-53). En este último se refiere a un punto que nos interesa especialmente.

Por empezar, si ustedes comparan las ideas de Sklovski en "Sobre la prosa literaria"[80] (e incluso en "El arte como procedimiento")[81] con las ideas estéticas de Borges (que no ha leído, por supuesto, una línea de los formalistas), Borges nos interesa por lo siguiente: porque ve la novela policial como una máxima novela de procedimiento, una novela donde priman los procedimientos. Sklovski decía que la novela policial se parece a un crucigrama. En "Los laberintos policiales y Chesterton" Borges resume, como lo harán años después Todorov y Bennet, las características principales del texto policial en seis puntos:

"1) Un límite discrecional de seis personajes."

Pocos personajes para permitir las relaciones estructurales entre esos signos que son los personajes.

"2) Declaración de todos los términos del problema."

[80] Victor Sklovski: *Sobre la prosa literaria*, Barcelona: Editorial Planeta, 1971.

[81] Victor Sklovski: "El arte como artificio", en: *Teoría de la literatura de los formalistas rusos*, por Jakobson, Tinianov, Eichenbaum, Brik, Sklovski, Vinogradov, Tomachevski, Propp. Antología preparada y presentada por Tzvetan Todorov, Bs. As.: Siglo XXI Editores, 1970.

O sea: juego limpio. Se debe ofrecer todos los elementos para que se dilucide el problema, y, al mismo tiempo, impedir la solución inmediata.

"3) Avara economía de medios."

Borges está pensando en la tradición de la novela inglesa, no en la negra norteamericana, en los escuetos enigmas.

"4) Primacía del cómo sobre el quién."

Que parece la definición del cuento.

"5) El pudor de la muerte"

De nuevo, a diferencia de la novela negra, la muerte está ausente en la historia. Curiosamente, en "Emma Zunz", la muerte está presente: Loewenthal muere porque es fundamental para el texto. Emma Zunz triunfa como narradora, es decir ha mostrado cómo se fabula, ha construido la historia a través del discurso que son sus acciones; dice la historia: "*... me hizo venir con el pretexto de la huelga... Abusó de mí, lo maté.*" (*El Aleph*, OC1: 568) Pero, al mismo tiempo, es necesario que la muerte esté presente para que se muestre el fracaso de Emma Zunz, el fracaso que consiste en no haber impuesto la justicia: Loewenthal muere sin saber por qué ha muerto, no tuvo tiempo de oír lo que Emma ha dicho. El personaje triunfa, el fabulador triunfa: construye la historia, ésta se manifiesta en el texto. Es un texto donde la historia fantasma se manifiesta por fin (casi un caso único), y, por otro lado, fracasa, fracaso que proyectará hacia otra dimensión el narrador.

"6) Necesidad y maravilla de la solución"

Casi todos los teorizadores de la novela policial —observamos una y otra vez— insisten en que la solución debe surgir casi como una epifanía.

Bien, ya comentamos el interés de Borges por la novela policial, y en este sentido, sus puntos de contacto con Sklovski. Pero Borges también ve en Chesterton ciertos elementos que no corresponden a este género de una manera específica: él ve el contenido alegórico y simbólico de Chesterton, que utiliza la novela policial para proponer una nueva lectura de la trama y la anécdota policial desde una perspectiva religiosa; el católico Chesterton ve la novela policial como una recreación de alguna manera del problema de la encarnación. Borges ha insistido sobre esa doble lectura también en Conrad. De esta manera, en el texto de 1936, dirá Borges que los católicos ortodoxos pueden escandalizarse ante los textos de Chesterton porque no concilian la seriedad y profundidad de las ideas con sus procedimientos, donde pueden ver mucho de frivolidad.

En un texto posterior, de 1938, "Sobre Chesterton",[82] recogido en *Otras inquisiciones*, se referirá a la constante tendencia de Chesterton de utilizar el procedimiento de la novela policial para transmitir un contenido alegórico. Dirá que la tentación por lo alegórico en Chesterton compite con la fascinación por el procedimiento de la novela policial, con esa fruición por el procedimiento. Supone, entonces, la existencia de dos Chesterton: el algebraico y el apasionado de lo misterioso. El propio Borges se definirá a sí mismo en uno de sus poemas, "Mateo XXV-30" (*El otro, el mismo*), como el poseedor de dos atributos que le ha dado la divinidad: álgebra y fuego, rigor intelectual y apasionamiento.

En Chesterton, de alguna manera ve su *alter ego*; luego hace dialogar los textos de Chesterton con sus propios textos, con los de Poe y con los de Kafka. Les recomiendo la lectura del artículo; es una dramatización de la intertextualidad. Y ustedes, como son lectores voraces, inmediatamente estarán reconociendo el ensayo "Kafka y sus precursores",[83] es decir, cómo Kafka va a hacer hablar de una manera determinada a ciertos textos.

Insisto en esto porque vamos a ver que el texto de Borges, siendo que aparentemente lo que prima es el proce-

[82] Originalmente publicado en *Anales de Buenos Aires*, año 2, número 20-22, Bs. As., 10/1947, págs. 49-52, bajo el título de: "Nota sobre Chesterton".

[83] *Op. cit.*

dimiento, de alguna manera está proyectando este texto hacia otra zona: se defenderá de ser Kafka o Poe, como Chesterton, pero hará que su texto empiece a dialogar con otros textos del propio Borges, que son los textos de las negaciones metafísicas. El brillante juego de descubrir el cómo se proyecta en otra dimensión de lectura.

IV

El cuento se abre en dos sorpresas finales. Sorpresa en el nivel de la "narración-gajo" de la que habla Bennet (Emma Zunz hizo esto por esto) y en el de la posible y provisional interpretación que pueden tener esos acontecimientos. Piensen ustedes que son dos los ejes sobre los cuales se está fragmentando este texto; se está armando este texto como una serie de relatos enclavados uno en el otro. Son dos ejes que podemos discernir, no desde la postura del crítico que fabrica un objeto proponiendo una fragmentación, sino desde las propuestas del texto mismo. Esos dos ejes en torno a los cuales el texto se fragmenta y a la vez se arma son espaciales-temporales, son manifestaciones del tiempo y del espacio en el texto; lo que Bajtín, como veremos, llamaba "cronotopo".

Piensen ustedes que Emma Zunz, en su proceso de doble fabulación, de la fabricación de la coartada, por un lado, y la simbolización de cómo se produce la literatura mediante un sistema de transformaciones, por el otro, se desplaza continuamente en el texto: viaja. Es un personaje que calla, actúa, desplazándose de unos lugares a otros. Y, como siempre ocurre en literatura, las distinciones espaciales empiezan a cargarse de fuertes contenidos simbólicos. Hay una estudiosa argentina, Graciela Latella, que en un trabajo de próxima publicación estudia los desplazamientos en "Emma Zunz".[84] Den-

[84] Graciela Latella: *Metodología y teoría semiótica: análisis de "Emma Zunz" de Jorge Luis Borges*, Bs. As.: Hachette, 1985.

tro de la ciudad, hay tres barrios: Almagro, Paseo de Julio, Warnes. Esos lugares se asocian a determinados espacios cargados de características socio-étnicas: Almagro es la casa; Paseo de Julio es el hotel, que está en la Recova; Warnes es la fábrica. El texto califica, lexematiza, la característica socio-étnica del espacio.

Son tres lugares fuertemente simbólicos ya en el texto. La casa es donde se recibe la noticia y se arma el juego de transformar esto en otro; donde tales cuerpos deben hacer las veces de otros cuerpos, que se transmitirá al hotel, donde un cuerpo hará las veces de otro cuerpo; y que se transmitirá a los altos de la fábrica, donde un cuerpo hará las veces de otro cuerpo. En la dimensión de la muerte y el castigo, esos lugares, ya simbólicos, se proyectan en otra serie de lugares simbólicos: zaguán en la casa, zaguán y escalera en el hotel, vestíbulo y pasillo en el hotel, los altos de la fábrica. Es decir que los lugares se cargan de una connotación simbólica en el sentido de que los lugares de la acción de Emma Zunz, los lugares donde Emma Zunz fabula, donde consuma el relato, donde arma el texto, son los lugares superiores. Se sube para acostarse con el marinero, se sube para matar a Loewenthal; y, a la vez, los desplazamientos de Emma Zunz se relacionan con direcciones opuestas: Emma Zunz va del oeste al este para hacer determinadas cosas —va desde adentro hacia afuera—, va desde la casa de Almagro hacia la costa de la ciudad, hacia afuera, para fabular, para acostarse con el marinero y así empezar la acción; y otro tipo de acciones para consumar la venganza: retoma el camino, va desde el este hacia el oeste, hacia la fábrica. O sea: se proyecta hacia afuera para armar la coartada, se proyecta hacia adentro para consumar el crimen.

Por lo tanto, esos elementos de fragmentación del texto están respondiendo a la estructura *sui generis*, tanto en el plano simbólico como en el del procedimiento del texto. El eje temporo-espacial se manifiesta especialmente de esta manera. Temporalmente, de una manera muy evidente en el texto: es la combinación de dos tiempos diferentes, que son el tiempo de lo narrado, el del "Siujet", de los hechos de Emma; más la superposición con el tiempo de la narración, del hecho de narrar. Es decir que se cruzan en el eje temporal dos dimensiones distintas: el tiempo del enunciado —fíjense cómo está pautado con toda precisión en el texto el andar y accionar de Emma— y de pronto la superposición con el tiempo de la enunciación. Se abandona el tiempo del enunciado e irrumpe el tiempo de la enunciación, el tiempo del narrador, el narrador que está marcando que escribe lo que está escribiendo. Entonces: superposición "tiempo de la narración" / "tiempo de lo narrado" que recorre todo el texto. Fíjense ustedes en el texto la recurrente utilización de pautas cronológicas. El cuento se arma, gira, en torno de esos dos ejes.

Es un texto que propone un enigma a través de fragmentos que se arman en torno al eje del tiempo y al eje del espacio, los cuales no sólo son constitutivos de la estructura del texto, sino también de los diferentes significados cuya lectura propone el texto. Por un lado, duelo entre el narrador y su personaje en apariencia triunfante, tiempo del personaje que vive y tiempo del narrador que narra. Por otro lado, personaje que simboliza la fabulación y que transporta desde lo imaginario a lo simbólico, a través del hecho del lenguaje, ese contenido que Borges llamaría alegórico, mediante ese desplazamiento sucesivo del personaje.

Esa imbricación entre los ejes en los dos últimos fragmentos del texto termina de una manera especular: el narrador dice lo que estaba planeado y no ocurrió, y lo que ocurrió y no estaba planeado. El texto termina en una perfecta y deliberada simetría que desemboca en lo que hemos llamado "el triunfo del personaje": Emma cerrando su relato, hablando por primera vez en el texto. Sus palabras se vuelven sobre el texto, lo reflejan e iluminan, y siguen los procesos de fabulación.

Pero inmediatamente hay un segundo final, que, como ocurre en muchos relatos de Borges, consiste en una interpretación de lo narrado, o sea un cuasi ensayo. El narrador enfrenta al personaje, el que ha dado en la clavc y que ha disipado el misterio resolviendo el problema. El narrador comenta el cuento:

"La historia era increíble, en efecto, pero se impuso a todos, porque substancialmente era cierta. Verdadero era el tono de Emma Zunz, verdadero el pudor, verdadero el odio. Verdadero era también el ultraje que había padecido; sólo eran falsas las circunstancias, la hora y uno o dos nombres propios." (*El Aleph*, OC1: 568)

Es decir, el texto acepta el guante que ha lanzado la fabuladora, quien ha urdido la coartada en nombre de la verdad. El narrador, irónicamente, dice que lo increíble es substancialmente cierto, y por eso se impone a todos. Ahora bien, en un nivel de lectura superficial, parece mostrar simplemente los hilos de la coartada, e inclusive provocar el placer, el refocilo de los lectores psicoanalistas (recordemos las peculiares hipótesis de Páramo Ortega). Es que en un nivel superficial, el texto parece corroborar todas las ofertas que ha venido haciendo para su interpretación. Pero, por otro lado este texto se pone a dialogar inmediatamente con otros textos de Borges.

Por empezar, en el nivel de la superficie, el texto está jugando con dos cosas: empieza con menciones de fechas y nombres precisos fuertemente referenciales, como hemos visto. Y el texto parece también desestimar esa profusión inicial referencial con la frase "Sólo eran falsas las circunstancias, uno o dos nombres propios". (*El Aleph*, OC1: 568) E, inmediatamente, el texto se pone a dialogar con las negaciones metafísicas del tiempo y del espacio, como a lo largo de la literatura de Borges. Es decir que el texto, como lo hacen algunos de Chesterton, arma un complejo artificio, disimula sus procedimientos con lo que los formalistas llamarían "motivación realista", y abre el texto a la lectura desde otros códigos: el legal, el psicologista, el psicoanalítico, el genérico, etc. Pero, por otro lado, abre este texto hacia otro tipo de discurso, que es el diálogo con los textos del propio Borges: el ensayo "Nueva refutación del tiempo", contenido en *Otras inquisiciones*. Es un texto que con estructura policial describe el camino opuesto al relato de Emma Zunz. "Emma Zunz" se propone como texto realista para ser aniquilado como tal.

En el cuasi relato incluido en este ensayo, se hace la historia de las negaciones metafísicas para hacer triunfar la realidad sobre ellas. Recuerden ustedes que uno de los postulados de la metafísica idealista consiste en la negación de la existencia autónoma de la materia; el ser de la materia consiste en ser percibida, no tiene existencia autónoma. Tampoco existe el perceptor, sólo existe en el momento de la percepción; solamente existe ese instante de la percepción en que la materia existe porque es percibida y el perceptor existe porque percibe. Ahora bien, a estas negaciones de la materia autónomamente, de la existencia del espacio entre perceptor y percepción, agrega Borges la categoría temporal. Si no existe en mí la materia percibida, ni el perceptor, ni el espacio, ¿por qué vamos a creer que las percepciones se acumulan en una dimensión temporal y se forma una atadura de percepciones que constituyen el yo? Borges liquida el sujeto, el objeto, el espacio y el tiempo. Los lectores que hoy se entregan con fervor a un verso de Shakespeare son literalmente Shakespeare. En la dedicatoria de su primer libro de poemas, *Fervor de Buenos Aires,* Borges dirá al lector: "es trivial y fortuita la circunstancia de que seas tú el lector de estos ejercicios, y yo su redactor". (*Fervor de Buenos Aires*, OC1: 15)

Esa acumulación de negaciones metafísicas que afloran una y otra vez a lo largo de la literatura de Borges, especialmente en sus primeros poemas, sobre las calles modestas de Buenos Aires, llega a su punto culminante, digamos, en "Nueva refutación del tiempo".

Así como "Emma Zunz" está construido como un relato realista y acaba siendo un apólogo en el cual se vuelve a repetir la frase, se vuelve a poner en escena la frase, bastan dos momentos iguales en la serie temporal para demostrar que el tiempo no existe. O sea, dos momentos idénticos en la serie temporal no son dos momentos idénticos: no existe la serie temporal. Por lo tanto, "Verdadero era el tono de Emma Zunz" (*El Aleph,* OC1: 568), porque sólo eran falsas las inexistentes circunstancias de tiempo y lugar. Ése es el modo en que el texto dialoga con el texto de Borges.

En el ensayo decíamos que trabaja con una estructura policial: va proponiendo una serie de indicios para llegar a una revelación última: si no existe el espacio tampoco existe el tiempo. El ensayo trabaja a la inversa: si no existe el espacio tampoco existe el tiempo; negados el espacio y el tiempo, entonces, surge la realidad referencial, donde sí existen el espacio y el tiempo. O sea que es la metafísica la destruida en el célebre final del ensayo de Borges:

"*And yet, and yet...* Negar la sucesión temporal, negar el yo, negar el universo astronómico, son desesperaciones aparentes y consuelos secretos. Nuestro destino (a diferencia del infierno de Swedenborg y del infierno de la mitología tibetana) no es espantoso por irreal; es espantoso porque es irreversible y de hierro. El tiempo es la sustancia de que estoy hecho. El tiempo es un río que me arrebata, pero yo soy el río; es un tigre que me destroza, pero yo soy el tigre; es un fuego que me consume, pero yo soy el fuego. El mundo, desgraciadamente, es real; yo, desgraciadamente, soy Borges." (*Otras inquisiciones,* OC2: 149)

De modo que en el diálogo que entablan "Emma Zunz" y el ensayo "Nueva refutación del tiempo" se ven los dos movimientos opuestos. En la segunda lectura de "Emma Zunz", por así decirlo, triunfa esa rama de la literatura fantástica que es la metafísica, como la llamó Borges alguna vez. En el ensayo se abandona esa rama de la literatura fantástica que es la metafísica para mostrar el efecto de la realidad.

El espacio de la cita.
Una lectura de "El inmortal"

Introducción a la literatura. Cátedra "C"
Clase 51 (5 de noviembre de 1984)

Vamos a entrar en un texto como "El inmortal". En este texto pueden percibirse todas estas características que hemos ido describiendo acerca de la literatura fantástica; inclusive la presencia de ciertos hechos que son fantásticos para el lector, porque presentan el problema de lo normal-anormal, pero no para el personaje, y, a la vez, ciertos hechos que son fantásticos para el personaje y no lo son para el lector.[85] Para Borges, toda la literatura presenta la problematización de lo normal y de lo anormal.

"El inmortal" comienza con una cita de Bacon en la que Bacon cita a Platón y a Salomón. El texto dice: "Salomón dijo que no hay nada nuevo sobre la tierra; así como Platón imaginó que todo conocimiento no es sino recuerdo". Es decir que Platón y Salomón están diciendo lo mismo. Este epígra-

[85] En el marco de la Cátedra de *Introducción a la literatura* C, Enrique Pezzoni dedicó las clases número 38 (segunda parte), 41, 43, 45, 48 y 51 al estudio del género fantástico, su nacimiento, y a diferentes modelos que intentan una sistematización de éste. Los textos teóricos analizados fueron: Tzvetan Todorov: *Introduction à la littérature fantastique*, París: Seuil, 1970; Ana María Barrenechea: "Ensayo de una tipología de la Literatura Fantástica (A propósito de la literatura hispanoamericana)", *Revista Iberoamericana*, número 80, 1972, págs. 391-403, y "La literatura fantástica: función de los códigos socioculturales en la constitución de un género", *Texto/Contexto*, comp. K. McDuffe y A. Roggiano, Madrid, 1980. Por lo tanto, la primera parte de la clase que transcribimos estaba dedicada a la literatura fantástica. Esta lectura hecha por Pezzoni del género fantástico permanece inédita.

fe es índice de todos los demás temas que aparecerán en el texto; pero lo importante es que aquí están dialogando tres grandes espacios: el de la literatura, el de la religión y el de la filosofía. En este espacio de la cita concurren filosofía, literatura y religión para narrar una serie de elementos que están siempre presentes en el corpus literario de Borges, como la negación de la personalidad individual, el panteísmo, etc.

El parentesco de este texto con otros de Borges es evidente. Por ejemplo con un texto de *El hacedor*, "*Everything and nothing*", que es un maravilloso texto narrado con estrategias narrativas. Ustedes saben que Borges desdibuja las fronteras genéricas, es decir, hay ensayos de Borges que tienen doble estrategia narrativa, así como hay cuentos de Borges que tienen una aparente estructura ensayística.

"*Everything and nothing*" es la mención de alguien que está buscando su propia identidad; es la biografía de esta persona que sabe que es nadie y que, al mismo tiempo, es todos. Al finalizar el texto surge el nombre que el lector ya imagina; es decir que ese maravilloso texto, esta destrucción minuciosa de la personalidad en Borges es la desarrollada en "El inmortal", es decir: el texto del hombre que es Homero y que ignora que es muchos hombres con lo cual, dice el texto, es una trabajosa manera de decir que no soy nadie. Es decir que este texto está trabajando con la misma idea central de "El hacedor" (*El hacedor*).

Lo interesante es que este texto, para lograr esa imagen de disolución de la personalidad individual y la asunción de que *todos* es una manera de ser *nadie*, y que la aspiración de ser uno es imposible en definitiva, este texto está trabajando para ello en la dimensión espacial. El problema es un problema de tiempo; la idea del eterno retorno, de la repetición incesante, dicha desde la literatura, desde la religión y desde la filosofía: no hay nada nuevo sobre la tierra, no hay nada nuevo bajo el sol; reconocer una novedad es olvidar; el conocimiento no es sino reconocimiento; las cosas existen desde siempre. El tiempo es un fluir permanente que vuelve sobre sí mismo.

En este texto se trabaja sobre las relaciones espaciales, en definitiva la categoría de lo que Bajtín llamaba el cronotopo, es decir: la manera de trabajar la categoría del tiempo y la del espacio en los textos es definitoria. Este relato trabaja la categoría del tiempo sobre la categoría del espacio. Sobre varios espacios: el espacio literario, sus combinaciones posibles y las categorías tipológicas de la realidad. Este relato es de traslados, de abarcar sucesivos espacios para acabar en la anulación de la categoría del tiempo.

Este relato trabaja con la contraposición de dos espacios: el de lo familiar, de lo inmediato, opuesto a lo extraño, lo remoto, lo alejado. Es la confrontación de esas dos grandes zonas espaciales. En esta confrontación se produce el derrumbe de todos los valores aceptados como tales, sacralizados por una comunidad; al producirse el traspaso de lo familiar a lo remoto, se produce el traspaso de la destrucción y de la desacralización de una serie de valores de cierta filosofía y religión; por ejemplo, la desacralización de la idea de inmortalidad. Es la reducción de la inmortalidad por un lado o por el otro, la destrucción de ciertos valores simbólicos de ciertas comunidades, por ejemplo, el laberinto que era el lugar secreto pasa a ser el lugar de la perdición. En la clase próxima vamos a entrar en el texto y vamos a ir viendo cómo eso se refleja en el espacio narrativo mismo y en el juego entre diferentes sujetos de enunciación y el sujeto del enunciado.

El texto se abre con un narrador en primera persona que anuncia la aparición de un texto que es un documento, que dice que "La versión que ofrecemos es literal" (*El Aleph*, OC1: 533). Aparece el plural de la primera persona propia de cierta prosa discursiva que procura despersonalizarse. Entonces, primer espacio: la presentación del documento; segundo espacio: el documento mismo. El sujeto de la enunciación que se cuenta como sujeto del enunciado. Por fin, la aparición de un comentador, el autor de la posdata, que ya no es el primero, el que introduce el documento, sino que es el que lee ese documento, lo interpreta y define qué es la ficción y qué la literatura realista.

Clase 53 (12 de noviembre de 1984)

I

Bien, continuamos con "El inmortal". Recuerdan que en la clase anterior estábamos viendo cómo en ese cuento parecen llevarse hasta las últimas consecuencias ciertas preocupaciones de la literatura de Borges, como la reducción de la categoría del tiempo, la destrucción de la noción de individualidad, de la personalidad. Habíamos visto cómo ser *todos* es lo mismo que no ser *nadie*. Este tema es recurrente en su literatura y está, por ejemplo, en la dedicatoria al lector del primer libro de poemas de Borges de 1923, *Fervor de Buenos Aires*, en la que está en presencia toda la trama de "El inmortal". Dice:

"A quien leyere

Si las páginas de este libro consienten algún verso feliz, perdóneme el lector la descortesía de haberlo usurpado yo, previamente. Nuestras nadas poco difieren; es trivial y fortuita la circunstancia de que seas tú el lector de estos ejercicios, y yo su redactor." (*Fervor de Buenos Aires*, OC1: 15)

Es decir, el único artificio es el acto de lectura del poema, detrás de eso no hay creador ni receptor. Piensen que dentro de esa ilusoria sucesión temporal, lo único que sirve es el instante en que los integrantes de una acción son espacialmente la misma persona; [esta idea] atraviesa toda la literatura de Borges. Borges extrema todas las negaciones metafísicas, para llegar a la negación del tiempo; la sucesión temporal es ilusoria. Dos instantes iguales son el mismo instante.

En *Nueva refutación del tiempo* reaparece reelaborada la

dedicatoria de *Fervor de Buenos Aires*. El poema incluido en *Fervor*, "Inscripción en cualquier sepulcro", termina así:

> "Ciegamente reclama duración el alma arbitraria
> cuando la tiene asegurada en vidas ajenas,
> cuando tú mismo eres la continuación realizada
> de quienes no alcanzaron tu tiempo
> y otros serán (y son) tu inmortalidad en la tierra".[86]

Es decir: el afán de inmortalidad individual es un absurdo, no existe la personalidad individual: "Ciegamente reclama duración el alma arbitraria".

"El inmortal" va a trabajar sobre esa gran obsesión de Borges, la idea de inmortalidad como acumulación de lo que es imposible acumular, el tiempo; y la degradación de la idea de inmortalidad sacralizada por las religiones: la destrucción del mito sublime de la inmortalidad, la destrucción del mito de la personalidad individual. Va a trabajar sobre eso combinando las dos grandes dimensiones del tiempo y del espacio. Trabaja sobre desplazamientos constantes en el tiempo. La negación del tiempo y del espacio se hacen mediante un relato que enfatiza los desplazamientos en el tiempo y en el espacio; como es típico en Borges, enfatizar tiempo y espacio son maneras de anular tiempo y espacio. En este relato

[86] Pezzoni cita según la versión de la edición de *Poemas (1922-1943)*, Bs. As.: Losada, 1943 y de *Poemas (1923-1953)*, Bs. As.: Emecé, 1954, segundo volumen de las primeras *Obras completas*. En la primera edición de *Fervor de Buenos Aires* (Bs. As.: Imprenta Serrantes, 1923), el poema decía: "Ciegamente reclama duración el alma arbitraria/cuando la tiene asegurada en vidas ajenas,/cuando tú mismo eres la continuación realizada/de quienes no alcanzaron tu tiempo/y serán otros a su vez tu inmortalidad en la tierra." A partir de las *Obras completas* de 1974, dice: "Ciegamente reclama duración el alma arbitraria/cuando la tiene asegurada en vidas ajenas,/cuando tú mismo eres el espejo y la réplica/de quienes no alcanzaron tu tiempo/y otros serán (y son) tu inmortalidad en la tierra". (*Fervor de Buenos Aires*, OC1: 35)

es donde aparece utilizada al máximo la categoría de *cronotopo* según Bajtín.

La palabra "cronotopo" está indicando las dos dimensiones: crono = tiempo, topos = espacio. Expresa la inseparabilidad de las representaciones del tiempo y del espacio en la literatura, aunque el tiempo es el principio dominante en la categoría del cronotopo en Bajtín.

En Borges, negador del tiempo y del espacio, las categorías cronotópicas son especialmente fascinantes. Yo diría que en este relato hay varias categorías temporo-espaciales; en este relato aparecerá la ficción de tiempos y espacios reales, pero también aparecerá el manejo especial del espacio y tiempo literarios. Lo digo en el sentido de la conexión de obras literarias distribuidas en el tiempo y desprendidas de su momento para ponerlas en un presente único.

Como veremos luego, este cuento está lleno de alusiones literarias y se da la anulación del espacio literario. Por otro lado, se da la utilización espacial del espacio literario; piensen que en este relato, el lapso del relato se encaja en instancias narrativas distintas: aparece un sujeto de la enunciación casi anónimo que introduce a otro sujeto de la enunciación, el autor del documento. El relato es como una serie de cajas chinas que topológicamente se encajan; avanzar en el relato es pasar del espacio de un sujeto de la enunciación al de otro sujeto de la enunciación que cede la palabra a otro sujeto de la enunciación y acaba destruyendo todo lo dicho. Es decir, en este cuento donde se destruye el tiempo y el espacio se destruye la literatura.

En Borges es muy frecuente que el avance de la ficción sobre la realidad termine siempre en la muerte. Muerte en varios sentidos: en la liquidación de categorías prestigiosas tradicionales y también la liquidación de la literatura. La literatura es una búsqueda permanente que no llega a nada, más que a su propia muerte. Incluso piensen en los primeros tres libros de poemas de Borges en los que se crea toda esa literatura de los arrabales, piensen en los relatos que van a retomar ese ambiente aledaño, de los arrabales, personajes de muerte; piensen en "Hombre de la esquina rosada" que termina en la muerte.

El poder de la ficción en Borges es el poder de la muerte: matar la literatura, matar al personaje. Piensen que hay un cuento en que Fierro acude a un encuentro y un negro lo mata.[87] La misión de la literatura consiste en no llegar a nada pero persistir en la busca de la verdad que nunca se presenta. Ése es, en definitiva, el mecanismo de Borges. Piensen en los infinitos lugares que aparecen en el relato, los infinitos lugares que recorre Marco Flaminio Rufo en busca del río que le devolverá la mortalidad. El relato está trabajando con la expoliación, tomando del espacio de otros, de los textos de otros, elementos para construir un relato. Es una especie de gran plagio; la posdata de 1950 lo declara.

II

Lo que quiero decir es esto: este relato que niega el tiempo y el espacio trabaja aparentemente afirmándolos, sobre todo, creando la gran figura "cronotópica" de la contraposición de los opuestos, lo remoto versus lo inmediato; lo cual supone la contraposición, lo extraño versus lo familiar. En este trabajo se produce la destrucción de las categorías afectadas por la comunidad como valores filosóficos, religiosos, culturales, aceptados como dogma. Recuerden que decíamos que el epígrafe del texto está reuniendo a Salomón, Bacon y Platón; se están reuniendo filosofía, religión y literatura para afirmar el eterno retorno de todo, la ilusión del tiempo cronológico.

La literatura es desacralizada en el texto, también la religión, la inmortalidad como bien supremo y la filosofía; es en esta confrontación donde se liquidan los valores tradicionales. Y esto empieza a dar la dimensión fantástica del relato. En este relato se derrumban los símbolos tradicionales; el

[87] "El fin", *Ficciones*.

laberinto como lugar sagrado, depositario de la verdad, aquí acaba siendo el laberinto incomprensible, disparatado: los dioses que lo hicieron se han vuelto locos.

El cruce de lo inmediato a lo remoto significa irse de lo familiar a lo extraño, de las verdades aceptadas al cuestionamiento de todas las verdades, el laberinto se vuelve el lugar incomprensible, hecho por locos. En este sentido, es interesante tomar las observaciones acerca del modo de recepción de lo fantástico; podríamos decir que este relato de Borges está dramatizando los modos de recepción de lo fantástico, es decir que el lector recibe de una manera los hechos fantásticos como tales y el personaje los recibe de otra manera. Para Marco Flaminio Rufo el laberinto es, o debe ser, el lugar sagrado, el lugar donde está encerrada la verdad. Para el lector moderno, el laberinto es de antemano el lugar de la confusión, del extravío; de modo que el lector que recibe ese laberinto lo recibe con la corroboración de un fantástico ya tradicional; pero para el personaje, no. El lector y el personaje viven lo fantástico de maneras distintas.

Mircea Eliade, al describir el típico laberinto mítico dice:

"El 'Centro' es, entonces, la zona de lo sagrado por excelencia, la de la realidad absoluta.[...] El camino que lleva hacia el centro es un 'camino difícil' (*dûrohana*), y eso se verifica en cada nivel de la realidad: [...] la peregrinación a los lugares sagrados (la Meca, Hardwar, Jerusalén, etc.); peregrinaciones erizadas de peligros de las expediciones heroicas en busca del Vellocino de Oro, la Manzana Dorada, la Hierba de la Vida, etc.; extravíos en laberintos; dificultad del que busca el camino hacia el yo, hacia el 'centro' de su ser, etc. El camino es arduo, lleno de riesgos, pues es, en verdad, un rito de pasaje de lo profano a lo sagrado, de lo efímero y lo ilusorio a la realidad y a la eternidad; de la muerte a la vida; del hombre a la divinidad".[88]

[88] Mircea Eliade: *Le mythe de l'éternel retour*. París: Gallimard/Folio/Essais, 1997, págs. 30-31.

Pues bien, el laberinto que ve Marco Flaminio Rufo es un laberinto que desemboca en nada, que no tiene centro, compuesto de escaleras que no llevan a ninguna parte, de repeticiones obsesivas y maniáticas. Él asiste dramáticamente al derrumbe de los patrones religiosos, filosóficos, morales, contenidos en el símbolo del laberinto. El laberinto se vuelve el símbolo de los dioses que se han vuelto locos. Está dramatizando ese hecho fundamental de la literatura fantástica que es el derrumbe de los marcos conceptuales y de las vías de acceso a la explicación de determinados fenómenos.

Bajtín ha estudiado muy bien el motivo del camino en los cronotopos de la novela antigua griega, es decir, el tema de la búsqueda a través del camino. Piensen que en "El inmortal" el tema del camino es fundamental; los caminos llevan a determinados lugares, son caminos infinitos, que son caminos del extravío. "El inmortal" es un laberinto en el sentido de que es un entrecruzamiento de alusiones literarias, buena parte de ellas, denunciadas en el texto mismo, en la posdata.

Todo "El inmortal" se desarrolla en varios países separados por desiertos y mares. Piensen que en este proceso de enfatización del tiempo y del espacio para la negación del tiempo y del espacio, en esta contraposición de lo inmediato a lo remoto, de lo familiar a lo extraño, que significa el derrumbe de todos los valores tradicionalmente aceptados.

III

En este texto nos encontramos con la desacralización de la inmortalidad. Lo único que hace preciosos a los hombres es la muerte, cada instante es único e irrepetible; la posibilidad de la continuación infinita degrada al hombre. Desacralización de la inmortalidad, sacralización de la mortalidad: el traspaso de una dimensión a la otra significa destrucción de todos los valores.

En ese paso de lo familiar a lo extraño, en la literatura

de Borges, siempre aparece un momento en que se construye un orden en el cual priman nuevos valores que generalmente son la impresión de los valores por los cuales nosotros nos regimos. Si nosotros nos regimos por la idea de la personalidad única, la creación del nuevo espacio significa la creación de un espacio donde no existen ni rigen esas categorías con que nos manejamos.

Una de las características constantes de Borges es la creación de utopías. Etimológicamente, "utopía" significa el no lugar, el lugar que puede estar en cualquier parte, el lugar que no existe en los lugares corrientes. La palabra "utopía" está cargada de connotaciones placenteras y para el lector corriente son fuentes de paraíso las imágenes que se asocian con la palabra "utopía".

Las utopías de Borges están construidas con infinito rigor pero distan de ser placenteras; esos lugares utópicos son atroces, y regidos de acuerdo con un orden que es diferente al nuestro pero que contamina de absurdidad a nuestro propio orden. Piensen que es una característica constante en la literatura de Borges: la utopía rigurosa pero atroz. Piensen en "La biblioteca de Babel",[89] esa gran biblioteca infinita donde los bibliotecarios están buscando hasta el infinito la misma palabra, es un mundo utópico: el cosmos se reduce a esa utopía.

Piensen en el relato "Tlön, Uqbar, Orbis Tertius"[90] en el que un grupo de amigos, que son Borges y Bioy, descubren en una enciclopedia la mención de un lugar desconocido llamado Uqbar Orbis Tertius, que es una utopía, que se conduce con las pautas de la filosofía idealista. Allí no hay tiempo, no hay espacio. Luego ese universo nacido de la enciclopedia invade la realidad en la que están esos personajes que están rastreando esa utopía y aparecen objetos de los dos órdenes que se contraponen. Este relato comienza con una

[89] *Ficciones.*
[90] *Ficciones.*

conversación en una quinta de Ramos Mejía entre un personaje llamado Borges y un personaje llamado Bioy Casares. En el comienzo de ese relato leemos:

"Debo a la conjunción de un espejo y de una enciclopedia el descubrimiento de Uqbar. El espejo inquietaba el fondo de un corredor en una quinta de la calle Gaona, en Ramos Mejía; la enciclopedia falazmente se llama *The Anglo-American Cyclopaedia* (New York, 1917) y es una reimpresión literal, pero también morosa, de la *Encyclopaedia Britannica* de 1902." (*Ficciones*, OC1: 431)

Es decir que están en un lugar donde hay dos formas de falsificación: el espejo que reproduce imágenes inexistentes y el resultado de un robo, una enciclopedia robada de la otra, que además es una suerte de espejo. La presunción de la enciclopedia es la misma que la del espejo; aprisionar al mundo en una imagen inexistente, es decir, el robo y la empresa falaz de reproducir falazmente el mundo en un ámbito entre amigos que produce un mundo falso que acabará invadiendo este mundo. Como siempre la ficción en Borges es una empresa de destrucción y de muerte. La creación de un mundo supone una amenaza y la liquidación del mundo real que se precipita sobre otro. En la continuación de este texto se insiste sobre esta idea del comienzo:

"El hecho se produjo hará unos cinco años. Bioy Casares había cenado conmigo esa noche y nos demoró una vasta polémica sobre la ejecución de una novela en primera persona, cuyo narrador omitiera o desfigurara los hechos e incurriera en diversas contradicciones..." (*Ficciones*, OC1: 431)

Parece que estuviéramos asistiendo al esbozo del argumento de "El inmortal": una novela escrita en primera persona por un narrador que no sabe que es Homero, y que empieza a incurrir en repeticiones hasta que se da cuenta de que es Homero porque sino no hubiera podido escribir lo que escribió.

En "El inmortal" aparece la ciudad utópica; la ciudad de los inmortales es en la que se producirá la degradación de todos los valores tradicionales. Recuerden la descripción de la ciudad que hace Marco Flaminio, de esa ciudad remota y extraña, que está descripta insistentemente como el lugar de la abominación y de la aberración, porque es precisamente el lugar donde se derrumban todas las categorías aceptadas por el personaje. Dice el personaje:

"Esta Ciudad (pensé) es tan horrible que su mera existencia y perduración, aunque en el centro de un desierto secreto, contamina el pasado y el porvenir y de algún modo compromete a los astros." (*El Aleph*, OC1: 538)

Esta frase parece lanzada a los teorizadores de la literatura fantástica. Es decir, toda la teoría de Barrenechea aparece condensada en esta frase de Borges; la contraposición de lo normal y lo anormal como problema inquieta y desasosiega, porque significa la amenaza de la desaparición de las pautas de lo que nosotros consideramos norma y sobre lo cual nos asentamos. La ciudad es la combinación de elementos cuyas reglas combinatorias no pueden entenderse; una vez más, es el derrumbe de todos nuestros sistemas y marcos conceptuales.

Con ese manejo de las categorías cronotópicas, para negar la existencia del tiempo y del espacio en un lugar utópico está construido "El inmortal"; y, repito, también con esa otra categoría cronotópica que es la conexión de elementos literarios muy remotos y alejados entre sí, en un espacio utópico que es el del relato que los reúne a todos, y combinando las estructuras narrativas como estructuras espaciales. Un sujeto de la enunciación cede la palabra a otro sujeto de la enunciación que no es el primero que examina ese relato, el autor de la posdata.

Recuerden que el sujeto de la enunciación introductor del relato no es el mismo que escribe la posdata. El primero es casi una voz anónima que presenta el relato, es el "profesorucho", es el bibliotecario, es el historiador, que ni siquiera se denomina a sí mismo en primera persona porque dice: "La versión que ofrecemos es literal." (*El Aleph*, OC1: 533) Es la voz que introduce el documento. En cambio en la posdata de 1950, hay una marca fuerte de personalización;

se contrapone ese "La versión que ofrecemos es literal" de la primera parte con el comienzo de la posdata de 1950, que dice: "A mi entender la conclusión es inadmisible". (*El Aleph*, OC1: 544) Ese último sujeto de la enunciación es Borges; pero es el escritor que examina la literatura y que sacraliza la literatura.

IV

El cuento es fantástico en varios niveles. Lo es por la índole de los hechos presentados que sirven para introducir un orden diferente que corroe el nuestro, y además destruye la concepción habitual que tenemos de varias disciplinas divinizadoras: historia, religión, filosofía y literatura. En este sentido es un relato fantástico que de ninguna manera cabría dentro de lo maravilloso de Todorov. Lo que me interesa señalar es todo ese desplazamiento contiguo en el tiempo y en el espacio a lo largo de los microrrelatos que van componiendo el relato, en ese proceso de destrucción continua de valores aceptados.

Recuerden que la introducción termina con una afirmación de verdad pero cuando empieza el relato de Marco Flaminio, empieza con una modalización de la duda. El relato empieza: "Que yo recuerde..." (*El Aleph*, OC1: 533); es un recurso lingüístico para la manifestación de lo epistémico, de la probabilidad, la duda y el misterio. En esta primera parte del relato de Marco Flaminio, la llegada del jinete que viene de lo remoto y de lo extraño a lo familiar para incitar el viaje de lo familiar a lo remoto y extraño, se inicia ese traspaso de la frontera entre esas dos grandes zonas y la entrada en la nueva zona de valores. Noten que incluso en el nivel estilístico, en el nivel textual, entre lo familiar y lo extraño, también se da el uso de palabras habituales pero en una significación que sorprende y que se vuelve extraña para el lector porque es remota. Borges utiliza palabras en su rigor etimológico, no en su significación actual.

Este relato está ficcionalizando, dramatizando, el paso de lo inmediato a lo remoto; en el nivel lingüístico está remitiendo al paso de lo inmediato a lo remoto. Palabras de uso inmediato y familiar se vuelven remotas y extrañas porque están usadas con significación estilística. Piensen en el caso de "Fatigamos otros desiertos..." (*El Aleph*, OC1: 534), donde el empleo de la metonimia, dice que el sujeto fatigado fatiga el desierto. Piensen en la frase "fervor del día" en la que la palabra "fervor" está usada etimológicamente (y dio "hervor"). Esta palabra usada en su acepción etimológica se vuelve remota y extraña.

V

Es interesante ver en este relato fantástico cómo se está construyendo otro laberinto temporo-espacial de las alusiones literarias, parte del cual está declarado desde el texto mismo, en la posdata. Aquí empieza a darse esa visión de la literatura como laberinto, como un espacio de entrecruzamiento de laberintos. Podríamos decir que lo que se desprende del relato es la visión de la literatura como laberinto, de que lo que ocurre en el texto no es sino literatura y, por lo tanto, el enigma que plantea el relato es el del hecho literario total, que, en definitiva, es siempre un hecho enigmático. "El inmortal" es la exaltación absoluta de la intertextualidad, remite a otros libros, a otros textos y a otros autores; es decir, es una reescritura de los textos que selecciona. Veamos algunos de esos momentos concretos de la intertextualidad.

Piensen en el caso de la descripción del laberinto; recuerden que a la ciudad de los inmortales se entra por un subterráneo, el personaje al desenredarse de una pesadilla se encuentra maniatado; a la impresión de enorme ambigüedad se agregaron otras: la de lo interminable, la de lo atroz. Y es importante hacer hincapié en la palabra "enorme ambigüedad"; piensen que el personaje se está manejando con una serie de pautas filosófico-religiosas y que se derrumba la concepción del laberinto como lugar sagrado. Todas las pautas que explican la realidad para el personaje se derrumban porque los mitos ancestrales con que se maneja se superponen a un mito anterior; se ha remontado a un origen primero que es un origen atroz: "Yo había cruzado un laberinto, pero la nítida Ciudad de los Inmortales me atemorizó y repugnó". (*El Aleph*, OC1: 537) Es decir, cuando llega al recinto de lo sagrado y de la verdad, encuentra lo terrorífico y lo repugnante. La descripción que está haciendo del laberinto está proviniendo, de alguna manera, de un ensayo de Thomas De Quincey, mencionado en la posdata de 1950.[91] Voy a leerles la traducción del texto de donde está tomando, evidentemente, Borges el suyo.

"Hace muchos años, cuando yo miraba las *Antigüedades en Roma* de Piranesi, Coleridge, que estaba junto a mí, me describió uno de los grabados de este artista llamado *Los sueños*, y que registra el escenario de sus visiones durante el delirio. Algunas de ellas (las describo de memoria, según la descripción que me hizo Coleridge) representan vastos salones góticos: en el piso había inmensas maquinarias, ruedas, cables, catapultas, etc., que transmitían la imagen de un poder enorme. En las paredes había una escalera que subía; [y en ella, escalándola a tientas, estaba el propio Piranesi] si se seguía con la mirada la escalera se veía que se llegaba a un final repentino sin que el que llegara a ese extremo pudiera dar un paso más so peligro de caer en las sombras interiores. [...] Si se levantaba la vista se veía un segundo tramo de escalera, en el cual estaba Piranesi, esta vez, al borde mismo del abismo. Si uno levantaba una vez más la mirada, veía un nuevo tramo aéreo de escalera; y en ella de nuevo, el delirante Piranesi..."

O sea que para describir el laberinto, Borges lo toma de

[91] El tomo III, citado en la posdata: *Writings III*, 439, de *The Collected Writings of Thomas De Quincey*, New and enl. ed. by David Masson, Edinburgh, A. and C. Black, 1889-90, contiene: "London reminiscences and Confessions of an Opium Eater". El fragmento citado viene de *Confessions of an Opium Eater*.

una descripción de un laberinto de De Quincey, que la toma de un cuento que le hizo Coleridge, que la toma de unos grabados de Piranesi que ni siquiera se sabe si existen; nadie ha visto esos "sueños" de Piranesi de los que habla Coleridge. Se dan cuenta de cómo Borges, deliberadamente, crea un laberinto de alusiones, sobre una base relativamente ambigua. El relato mismo es un laberinto como el laberinto que presenta en la ciudad de los inmortales.

Piensen que en todo esto hay alusiones a autores muy preferidos de Borges, como son Chesterton y Conrad, autores mencionados en el texto mismo. Si leyeron *El corazón de la oscuridad*, de Conrad, piensen el largo viaje que hace el personaje hasta llegar a una zona que es el horror mismo; y piensen que el padre Brown, el personaje de los cuentos policiales de Chesterton, tiene frecuentes alusiones al laberinto. En un cuento, el personaje dice: "Lo que más tememos es un laberinto, no un centro". Este cuento es un laberinto en donde se encuentran de pronto Borges, De Quincey, Chesterton, Conrad; pero hay muchas otras alusiones de Borges.

Hay un ensayo de De Quincey que se llama *Homero y los homeridae*, es decir Homero y los semejantes a él, en el que parece estar la idea del cuento de Borges: Homero es una reproducción incesante, está una y otra vez; Homero produce homeridae. En ese ensayo, dice De Quincey:

"Homero, dicen, es un anciano, un hombre muy anciano, cuyos miembros temblorosos lo han llevado ante nuestra puerta; [...] Debió parecernos muy viejo. [...] Dicen que estaba cubierto de líquenes y de hiedra, todo entremezclado de líquenes y de hiedra".[92]

Es decir, era tal la antigüedad de Homero que estaba cubierto de moho. Incluso, muchos han querido ver en la segunda parte del relato de Borges, no la busca de la ciudad

[92] *Op. cit.*, tomos VI-VII: "Historical essays and researches", pág. 76.

de los inmortales, sino la busca del río cuyas aguas dan la mortalidad para escapar al horror de la inmortalidad; han visto también una alusión al mito del judío errante. Las reflexiones que hace De Quincey en el tomo sexto de sus *Ensayos*[93] parecen corroborar la idea de que el mito del judío errante está presente en la literatura de Borges en "El inmortal". Dice De Quincey:

"Los alemanes dan un nombre, el eterno judío, a lo que nosotros llamamos judío errante. La imaginación germánica se ha dejado impresionar más por la duración de la vida humana. Los ingleses por el desasosiego de la vida humana, por la incapacidad de encontrar una respuesta."

Vean que esta reflexión de De Quincey parece motivar el relato de Borges, que toma las dos tradiciones, el eterno judío y el desasosiego anglosajón. Noten que en la posdata de 1950 se dice que ha aparecido un texto sobre "El inmortal" escrito por un señor llamado Nahum Cordovero. Naturalmente, el lector supone que el texto es completamente inventado. Sí, el texto lo es, pero no Nahum Cordovero, que existió, que es un escritor cabalístico del judaísmo mítico. Entonces, lo que no existió es *A coat of many colours*, que se llama así bíblicamente. Ahora, ¿por qué bíblicamente? Porque la palabra "coat" se puede traducir por la palabra española "centón", que significa dos cosas: una colcha o manto hecho de retazos y también significa composiciones literarias hechas con retazos de obras de otros.

Recuerden que en la Biblia hay un episodio que es el manto de José, el manto hecho por retazos de diferentes colores. Y "El inmortal" es un centón que está hecho con retazos de De Quincey, de Shakespeare, de Shaw. De modo que la posdata de 1950 está desenmascarando el relato y jugando con la palabra "coat". De allí que inclusive haya elegido el nombre de Nahum Cordovero, porque el nombre es bastante significativo. El nombre verdadero era Moisés Cordovero;

[93] *Op. cit.*, tomos VI-VII: "Historical essays and researches".

Borges lo transforma en Nahum Cordovero porque Nahum significa en hebreo "consuelo". Es decir, irónicamente titula consuelo al autor de este ataque contra el libro, a este autor que declara que todo el libro está hecho de plagio.

Por lo demás, Cordovero, nombre del autor real, es un nombre en cuya composición aparecen dos palabras: "corda", cuerda, y "vero", verdadero. Este cuento de falsedades está desenmascarado por una especie de Ariadna que en el laberinto literario tiende la cuerda que lleva la verdad, la verdad de que este texto es un centón.

Borges visita a Pezzoni

Introducción a la literatura. Cátedra "C"
Clase 16 (3 de agosto de 1984)

Enrique Pezzoni: Tanta metafísica y física de la literatura, tantas conjeturas... ¿ha visto Borges? Después de hacer tantas conjeturas acerca de si existen o no existen los autores, y qué pasa entre el autor y el narrador, aquí tenemos la felicidad de que el autor existe...

Borges: Quién sabe, ¿eh?

Enrique Pezzoni: ¿Qué les parece si compartimos las dudas y nos persuade Borges de que sí existe? En serio, estamos tan contentos y agradecidos de que esté aquí, Borges.

Borges: Y yo de estar aquí, muchas gracias a todos ustedes.

Enrique Pezzoni: Borges está deseando que le hagan preguntas.

Borges: Muchas y concretas.

Enrique Pezzoni: Bueno, alguien decía que las preguntas no eran indiscretas...

Borges: Las contestaciones, Oscar Wilde.

Enrique Pezzoni: Así que le dejamos a usted a su cargo la indiscreción.

Borges: Bueno, muy bien.

Enrique Pezzoni: De manera tal que ya veo que se yerguen las manos ansiosas...

Borges: ¿Yo tengo que levantar la mano o no?

Enrique Pezzoni: Si usted quiere, levante la mano también.

Pregunta: Buenas tardes. Platón puso en boca de Sócrates en la *Apología* lo siguiente: "En poco tiempo me di cuenta, con respecto a los poetas, que no hacían lo que hacían por sabiduría, sino por algún don natural o por estar inspirados, tal como los profetas y los adivinos. Ellos también, en efecto, dicen muchas cosas hermosas pero no entienden nada de lo que dicen." ¿Qué piensa al respecto?

Borges: Creo recibir una humilde revelación de tarde en tarde, sí. De pronto sé que algo va a ocurrir, y ese algo puede ser el punto de partida de una fábula, de un poema, de un soneto, revelado después. Ahora, en el caso de un cuento, siempre me son revelados el principio y el fin, el punto de partida y la meta; tengo que averiguar después qué sucede entre esos dos extremos. Ahora, creo que cada tema dicta el suyo. Pero estoy plenamente de acuerdo con el hecho de que uno recibe algo. En mi caso, lo que yo recibo es algo muy vago, y trato de intervenir lo menos posible en mi producción. Yo no busco los temas, dejo que los temas me busquen, y si no insisten, los dejo de lado; pero si insisten, entonces trato de escribirlos para verme libre de ellos y buscar otra cosa.

Yo hablé sobre este tema con Alfonso Reyes, y le pregunté un domingo a la noche, ciertamente, por qué publicamos. Él me dijo: "Sí, a mí me ha preocupado eso, pero he llegado a esta conclusión: publicamos un texto para no pasarnos la vida corrigiéndolo". Estos borradores... Uno publica algo para librarse de eso, y luego se olvida y pasa a otro tema. A partir de los treinta años yo no he leído nada nuevo, y tampoco he releído lo que yo he escrito, salvo en el caso de una nueva edición, de posibles correcciones. Pero volviendo a mi punto de partida, en este caso la pregunta de usted, el hecho de si uno recibe algo, sí; y creo que cuanto menos intervenga uno, mucho mejor. Hay que tratar de ser lo más fiel posible a ese primer don misterioso que podemos llamar la musa, el espíritu, la gran memoria. Alguien pensaba que toda persona hereda la memoria de sus padres, de sus abuelos, de sus transabuelos, como decía Unamuno; es un gran depósito donde está todo, y no es necesario tener experiencias personales ricas, ya que uno hereda esa gran memoria de la especie, de toda la especie humana.

Yo, de tarde en tarde, recibo pequeñas revelaciones, muy modestas. Pero si hay algo que quiere que yo le dé forma narrativa, que escriba un cuento con él o un poema, luego tengo que averiguar todo lo demás; tengo que averiguar, digamos, por ejemplo, si a ese tema le gusta o exige el verso libre, el verso blanco, las formas regulares; o si debe ser contado como una fábula. Pero cada tema dicta su estética. Eso quiere decir que yo ahora no tengo ninguna estética: me dejo llevar por el tema, y es un agrado trabajar.

Pregunta: Borges, ¿está de acuerdo con la apreciación de Ricardo Halac, que dice que si nos ponemos demasiado exigentes, entonces salvo Borges o tres o cuatro los demás no tendríamos que estar fatigando blocs de papel?

Borges: No, yo me incluyo. Yo pienso que he llegado a los ochenta y tantos años, he perdido la vista, tengo excelentes pero pocos amigos, paso buena parte del tiempo solo, ¿qué otra cosa me queda sino proyectar, soñar, planear y luego, finalmente, dictar algo y fatigar blocs de papel, como usted dice? Es un destino como otro cualquiera, no es un destino desagradable; más bien es un destino para mí feliz, para mí sereno. Hay escritores que hablan de la angustia de escribir, yo no. Mientras uno escribe, uno se siente feliz. El hecho de que lo que uno escriba sea malo, no importa: uno cumple con ese misterioso destino de escritor. Quizás escribir una página excelente no dé mucha más felicidad que escribir una página mediocre o mala. Habría un relato de escribir, tan grato como un relato de leer, digamos; aunque yo preferiría ser lector. Intuyo más prudente ser lector que ser escritor, ya que hay demasiados escritores, yo diría. Además el lector enriquece al texto que lee; y yo he sido enriquecido por centenares, por miles de personas que me han convertido en una especie de superstición internacional. Pero yo no he hecho nada en ese sentido, he publicado libros, en todo caso, la atención de todos; y me gusta, me gustaría poder leer; ahora sólo puedo oír lo que me leen en voz alta. Me gustaría escribir, también; tengo que dictar y hay cierta diferencia. Yo preferiría leer y escribir pero estoy condenado a oír y a dictar, pero por qué no aceptar ese destino, que es el único posible para mí ahora, además. Es absurdo quejarse.

Pregunta: El hecho de que está dictando ahora, Borges, ¿cree que modifica lo que usted escribe? ¿Lo hace pensar de otra manera dictar que escribir?

Borges: En el caso del verso, puedo más o menos vigilar lo que escribo, ya que me atengo a formas breves. Un soneto es, digamos, *portátil*; uno puede llevar un soneto, uno puede corregirlo, uno puede hacer muchos borradores mentales. En el caso de una página en prosa es más difícil, ya que falta la rima para ayudar a la memoria; pero como lo que yo escribo es muy breve, puedo vigilar también mi prosa. Mi prosa es discreta, me canso fácilmente; al fin de todo, un cuento mío tendrá a lo sumo cinco páginas, y puedo vigilar esas cinco páginas. Y trato de vigilar los catorce versos del soneto; estoy obligado a hacerlo, además, ya que lo llevo conmigo, lo corrijo, y cuando lo dicto ya tiene un número grande de borradores previos, mentales.

Pregunta: "El que es consciente de los límites de la propia maldad es el más libre para elegir entre el bien y el mal". Basado en esto, ¿qué cree que predomina en el mundo, la bondad simplista o la razón perversa?

Borges: Es una pregunta de carácter estadístico. Yo no soy estadista, felizmente para mí o para la estadística. Mi experiencia es muy limitada: ochenta y tantos años nada más, y, a pesar de ellos, jamás he hecho ese tipo de cálculos, y no sé si serviría para algo tampoco. Son estadísticas, simplemente...

Enrique Pezzoni: Creíamos que estábamos en la ética y estamos en la estadística...

Borges: Sí. La verdad es que es una categoría menos interesante. Yo dije alguna vez que la democracia es un abuso de la estadística, pero la democracia argentina se ha encargado de desmentirme, felizmente. Felizmente, sí, estaba equivocado; puede ser algo más la democracia que un abuso de la estadística, puede ser un acierto.

Pregunta: ¿Qué define a la literatura como arte?

Borges: A mí me resulta advertir la diferencia, más bien. La literatura como arte me parece bien. ¿Qué otra cosa puede ser?

Pregunta: Entonces, ¿qué es el arte?

Borges: No sé si es necesario poder definir una cosa para sentirla. Creo que sólo podemos definir lo arbitrario, lo artificial. Pero lo elemental, el color, el sabor, una emoción, son algo que no se deja definir sin diluirse en vanas palabras. Es decir: si yo digo "amor", si yo digo "amarillo", si yo digo "poesía", si yo digo "belleza", si yo digo "luna" también, creo que eso basta; eso tiene más fuerza que cualquier definición que uno pueda dar. En cambio, uno puede definir qué es un hexágono, qué es un parlamento, porque ciertamente no son elementales.

Pregunta: ¿Usted cree que esa invención que es la obra literaria puede ser una forma de conocimiento?

Borges: No sé si necesita ser una forma de conocimiento, yo creo que no. Una forma literaria es algo estético que se basta, no tiene por qué ayudar al conocimiento. Es una función que puede, o no, cumplir.

Pregunta: Señor Borges, ¿cuál considera que es el mejor aprendizaje para un futuro escritor?

Borges: El único aprendizaje es la lectura y el goce de la lectura. Y luego hay que aceptar todas las emociones de la vida, todas las experiencias. Todo es material para la literatura... Para un poeta, todo es un estímulo, cada instante puede ser un estímulo; y, sobre todo, las desdichas, las angustias, los pesares, son el material de la poesía. En cambio, la felicidad no, la felicidad es un fin en sí mismo y no necesita ser mutada en otras cosas. Pero las desdichas, sí. Uno no se imagina un poeta que no haya sufrido mucho y que luego no haya usado todo eso, no para quejarse, ciertamente, sino para transmutarlo en belleza. Ése es el fin del poeta; claro, el fin del pintor es usar las formas y los colores; el fin del músico, los sonidos; el fin del escultor, las formas. Pero en el caso del poeta, no: es lo que puede hacerse con el lenguaje.

Pregunta: ¿Cómo ve la literatura latinoamericana? ¿Qué opinión le merecen García Márquez y Vargas Llosa, que son los que más me interesan?

Borges: A Vargas Llosa no lo conozco, soy muy ignorante. En cuanto al otro, al colombiano, sí. He leído *Cien años de soledad*, un libro formidable. Un poco lo ojeo para ver qué pasa a los cien años... Salvo que en mi caso no se trata de cien años de soledad sino de ochenta y tantos años muy acompañados y muy perdonados por la gente.

Pregunta: Borges, cuando le preguntaron a Bernard Shaw qué es lo mejor de Inglaterra, contestó: el té, que viene de la India, y yo, que soy irlandés. ¿Para usted, qué es lo mejor de la Argentina?

Borges: Creo que lo mejor de la Argentina es nuestra capacidad de amistad, la amistad yo creo que es una de las pasiones argentinas, es esencial. Somos capaces de amistad, y eso es mucho. Cuando yo vi el libro de Mallea, *Historia de una pasión argentina*, yo pensé: tiene que tratarse de la amistad, que es la única pasión argentina, yo diría, y además una hermosa pasión. Por ejemplo, el amor es ansioso, el amor se desespera, la amistad, no. La amistad ni siquiera exige la frecuentación, tampoco la confidencia. Yo era muy amigo de Manuel Peyrou, y él una vez me dijo: "Bueno, no sé si te he dicho que me casé hace un año". Tengo un amigo perfecto, yo pensé; ciertamente no es un amigo abrumador, son los mejores. La amistad sin confidencia, sin frecuentación, con la seguridad de saber que el otro es amigo y que uno es amigo. Una suerte de acto de fe mágico, yo diría, la amistad. Pero otras cosas hay excelentes en este país: por ejemplo, el dulce de leche, la milonga, las empanadas suaves, hay tantas cosas, sí. Y, sobre todo, en mi caso, el recuerdo. Yo perdí mi vista como lector en el año '55; sin duda, el Buenos Aires que me imagino es del todo arcaico y anticuado, pero me lo imagino y lo quiero mucho aunque sé que si tuviera vista no podría reconocer las calles; sigo imaginándome todo como era antes, sigo imaginándome las casas bajas, los patios, las azoteas, los aljibes, todo eso como antes; el campo muy cerca de la ciudad. Ahora no, ahora todo está más lejos pero no importa. Y sigo fiel a ese sueño, a esa memoria de un Buenos Aires pretérito y sin duda querido.

Pregunta: Señor Borges, leyendo un trabajo sobre la evolución del teatro del año '76 al '83, el autor indicaba que había habido una evolución. Quisiera preguntarle si usted considera que en la literatura, en las letras argentinas, pasa lo mismo, si ha habido un progreso del '76 al '83, como en el teatro, o si ha habido un retroceso.

Borges: Naturalmente, dada mi edad yo tiendo a pensar que todo declina. Yo no he escuchado que el teatro mejore, si es así lo celebro, sería muy raro que hubiera ocurrido eso, es bueno que cualquier cosa mejore. Yo no he percibido ese adelanto, es natural que no lo perciba. No he ido casi nunca al teatro; yo prefiero leer las piezas de teatro; yo prefiero leer a Shaw —si hay representación, no—, leer a Shakespeare, a Ibsen, a O'Neil, a los trágicos griegos, a Racine. Aun cuando tenía vista, prefería leer teatro, pero es una singularidad mía que no debo imponer a nadie y menos aconsejar a nadie. Yo no sé qué ha ocurrido en el teatro después del año '76, si puede revelarme ese pequeño misterio, se lo agradeceré.

Pregunta: Usted ha escrito que un gran escritor crea sus precursores. ¿Quiénes cree usted que son sus precursores o los precursores que su literatura creó?

Borges: Ante todo, no soy un gran escritor. Luego, creo que mis precursores han sido todos los escritores del mundo ya que lo que yo escribo sale de sus libros, sin ninguna duda. Sin duda escritores cuyo nombre yo ignoro, escritores cuyo idioma yo ignoro, están influyendo en mí. O sea que cada uno de nosotros es el resultado de todo el pasado; también generaciones que no conocemos, generaciones sepultadas, todo eso influye en nosotros. Somos ese pasado, ese vago pasado que no conocemos. Y también algunos libros que conocemos y que queremos, pero no sólo ellos. Por lo demás, ya el lenguaje es una tradición, no sé si puede hacerse mucho nuevo dentro de un lenguaje, quizá no. Podemos hacer ligeras modificaciones, nada más. En cuanto a maestros, yo pienso evidentemente en Chesterton, en Stevenson; y en lo que se refiere a estilo, yo traté de hacer Lugones y fracasé, traté de hacer Quevedo y fracasé; me he resignado a ser modestamente Borges; con toda humildad, y sin mayor patriotismo tampoco.

Pregunta: ¿Considera que una obra trasciende el dominio del autor? Y, en caso de ser así, ¿cómo vive este hecho el escritor?

Borges: Yo creo que el libro está hecho para ser transformado. Emerson dijo que un libro es una cosa entre las cosas, es una cosa muerta, pero cuando alguien lo abre, entonces si ocurre el hecho estético, ocurre algo mágico: un diálogo entre el lector y el otro que puede ser muerto. Pero cada lectura resucita a un libro. Los libros están hechos para eso: para no ser bien comprendidos, para ser generosamente interpretados y ramificados. Si alguien halla en una página mía algo que yo no he querido poner, está bien. La página está hecha para eso, para esa hospitalaria riqueza que el lector le da. Y, en ese sentido, yo he tenido mucha suerte, he sido muy generosamente leído...

Pregunta: ¿Opina lo mismo de los cineastas que leen sus cuentos, Borges?

Borges: Es una pregunta demasiado directa. Olvidemos mejor esa intrusa.*

Pregunta: Señor Borges, hace algunos meses las letras de nuestro país han tenido una importante pérdida con el fallecimiento de Julio Cortázar. Él, sobre todo en una época de su vida, ha sido un representante de lo que es la literatura comprometida con la realidad social que vive el autor y que, además de tener todo un sentido estético, y apuntando hacia la belleza, tiene como prioritario el sentido de acercarse a la realidad social y humana que está viviendo para tratar de mejorarla y para tratar de cambiarla. Quería saber cuál es su opinión personal acerca de Julio Cortázar en particular y de la literatura comprometida socialmente en un término más amplio.

Borges: Tengo la mejor opinión de Julio Cortázar y creo que los textos no tienen por qué estar comprometidos de ese modo. La literatura puede o no estar comprometida, eso es secundario. Lo importante es que sea fiel a lo soñado, fiel a lo que llamamos realidad. La realidad no es sólo lo que sale en los diarios, la realidad es todo. La realidad es el sueño que tuve esta mañana y que olvidé, la realidad es el día de mañana que ya ha sido prefijado y que no conocemos aún; todo es la realidad. Hablar de "la" realidad como si lo político fuera más real que otras cosas es un error; también es real, digamos, una nube, un sueño, el olvido, todo es la realidad; estamos inmersos en ella, y yo no me quejo de ello: es mejor estar rodeados de una realidad inagotable, no sólo política. A mí, personalmente, todo eso me entristece, pero si Cortázar encontró un estímulo en ello, ya que su obra es admirable, está bien que lo hiciera. Yo no puedo aconsejar mi conducta a nadie. Y Cortázar, tampoco. Cada uno elige su destino, o, mejor dicho, cada uno es elegido por su destino. Por otra

* Alusión a la película "La intrusa", de Carlos Hugo Christensen (Brasil, 1982), por entonces recientemente estrenada.

parte, si yo simulara interesarme en la política, todo el mundo se daría cuenta de que estoy mintiendo. La ética no interesa, mi ética personal; para los demás, pienso que cada uno se juzgue; yo no quiero juzgar los actos ajenos. Pero creo que para el escritor la ética es ésta: escribir fábulas, pero sólo escribir fábulas que ha soñado sinceramente. Si un escritor cree que la literatura es un juego de palabras está equivocado. En cuanto a las opiniones, las opiniones cambian; y yo trato de que mis opiniones, que son asaz firmes, no intervengan en mi obra literaria, que es otra cosa. Es decir, yo escribo fábulas, pero fábulas sin moraleja; o en cuanto a la moraleja, el lector se encargará de ponerla. Que escribo fábulas es indudable, que no acierte históricamente lo que yo escribo... pero si es cierto de otro modo, si eso es cierto en la imaginación del lector, sí está bien.

Yo tengo la mejor opinión de Cortázar; yo fui el primero que publicó un texto de Cortázar en este país.* Yo había olvidado esa circunstancia y me lo recordó en París; nos hemos visto dos o tres veces. Yo he ensayado sus novelas sin mayor éxito, pero leí cuentos admirables de él. En todo caso, basta una página para un autor, y Cortázar ha escrito tantas páginas admirables, que todos podemos agradecer su obra y enorgullecernos de ella, desde luego.

Pregunta: En su obra aparecen mucho el destino y el infinito; me gustaría que hablara un poco más sobre el destino y el infinito.

Borges: Bueno, eso no es solamente una pregunta; es una invitación a una clase magistral, es una pregunta ardua. En cuanto al destino, alguien decía que el carácter del hombre es su destino. Yo, al haber llegado a esta edad y estar ciego, siento una especie de alegría de estar viejo; una alegría que me ayuda a seguir viviendo, soñando, a seguir preguntándome. Sigo agradeciendo a la vida, trato de ser hos-

* "Casa tomada", *Los Anales de Bs. As.*, año 1, número 11, dic. 1946, págs. 13-18.

pitalario con las cosas, aun con las desdichas personales; trato de aceptar todo, claro que todo eso yo debo cambiarlo en poesía. El destino literario no es un destino más pobre que otros. Antes yo creía que el destino de mis mayores, que eran militares, era más rico que el mío; después descubrí que no: el destino de un espectador es tan rico como el destino de un hombre de acción, que es un espectador fugaz también.

Pregunta: Borges, recién usted decía que no se puede crear demasiado en la medida que estamos metidos dentro de un idioma, de un lenguaje. Quizás quería sugerir algo que a veces sugirió en el sentido de los idiomas como poemas.

Borges: Exacto. Es la idea que tenía Croce, la idea del lenguaje como un hecho estético, y es verdad. O sea que cada idioma es un modo de sentir el mundo, y ese modo puede ser poético; y las palabras también nos deparan un goce especial. Yo, por ejemplo, que soy un sordo musical, soy muy sensible a lo auditivo del lenguaje, a esa música.

Pregunta: Usted se declara sordo, pero lo curioso es que Brahms aparece muchas veces en sus textos. ¿Por qué Brahms? Me sorprende su elección.

Borges: Yo no sé realmente. Ocurrió esto: yo trabajaba con Bioy Casares, y Silvina Ocampo ponía discos. Luego nos dimos cuenta de que con ciertos discos trabajábamos bien, con otros nos sentíamos incapaces de escribir. Luego comprobamos que el enemigo era Debussy; el amigo, cómplice digamos, era Brahms.

Pregunta: Suponiendo que existiera la reencarnación, ¿en quién le gustaría pensar que se reencarna?

Borges: No tengo ninguna preferencia en ese sentido. No he pensado nunca en eso. Creo, quizá, sería muy lindo ser la reencarnación de Montaigne, pero sería demasiado ambicioso. Sería lindísimo. ¿Por qué no en esta tarde, hoy, en esta calle, ser la reencarnación de Montaigne? Total, modificamos el pasado continuamente, ¿por qué no ahora?

Pregunta: Yo quisiera preguntarle una cosa. Usted ha escrito un libro que se llama *El libro de los seres imaginarios*...

Borges: Ese libro lo compilamos con Margot Guerrero; se llama *Manual de zoología fantástica*, y luego tuvimos que renunciar a ese título y poner el otro que no vale nada. *Manual de zoología fantástica* es un lindo título; en cambio *Libro de los seres imaginarios* es una pobre variante, no sé por qué lo modificamos. Por razones editoriales, sin duda. *Manual de zoología fantástica*, lindo título; nadie necesita manuales para ese tipo de zoología.

Pregunta: Lo que yo quería preguntarle era lo siguiente: usted habló recién refiriéndose a Cortázar, sobre distintas formas de ver la realidad. Estos seres sobre los que usted escribe ¿forman parte de una realidad?

Borges: Bueno, en el prólogo dije que faltaban algunos personajes de la literatura fantástica, que es Dios, evidentemente, y muchos otros. Son muchos los seres fantásticos, pero los necesitamos para vivir. Quizá la ética sea un ser fantástico, quizá el Mal sea un ser fantástico. El Dios de los teólogos es, sin duda, un ser fantástico. Pero nuestro libro era más modesto.

Pregunta: Usted toma muchas veces en sus textos cosas cabalísticas; dentro de este libro, ¿se podría llegar a ver la Cábala? O sea una realidad que son esos seres imaginarios...

Borges: Existencialmente, claro. Esos seres existen pero como posibilidades en la imaginación, pero nada más. Posibilidades de imaginación, yo diría; probabilidades no, pero posibilidades sí. Posibilidades momentáneas de la imaginación, podrían definirse así. Probabilidades, no.

Pregunta: Quería saber esto, y ahora iba a esto: dentro de la Cábala existe lo que se denomina extensión. ¿Se podría hablar de extensión de estos seres imaginarios? ¿Usted lo ha pensado así alguna vez?

Borges: No, como extensión no. Extensión corresponde al espacio simplemente. Nosotros somos algo más importante que el espacio: somos el tiempo, estamos hechos de tiempo, pero no de espacio. Uno puede concebir un mundo sin espacio, por ejemplo podemos imaginar un mundo de conciencias, de música, de palabras, sin espacio astronómico. Yo diría que el tiempo es una categoría esencial, y que podemos imaginar universos sin espacio. El tiempo es muy difícil dejar de imaginarlo, en cambio al espacio lo olvidamos fácilmente. Por ejemplo, si estoy oyendo un poema, si estoy oyendo una pieza de música, estoy viviendo en el tiempo; el hecho de que esa música me llegue por medio de instrumentos o de discos es meramente casual. Podemos suponer un universo, una música; esa música puede crearse o puede ser creada por la conciencia; no sería necesario el espacio. Podemos imaginar un mundo fantástico sin espacio pero no sin tiempo. Quizá Dios pueda prescindir de la sucesión, pero yo no creo que exista. Vivimos sucesivamente, es decir que vivimos en el tiempo; en el espacio podemos no vivir si nos distraemos.

Pregunta: Borges, muchas veces ha tocado el tema de lo argentino, del escritor argentino, de la literatura. Hay un verso suyo que dice: "Ser esa cosa que nadie puede definir, argentino..."

Borges: Pero eso podría aplicarse a todas las cosas. Hay otra cosa que nadie puede definir, por ejemplo: austro-húngaro. Demasiado general lo que digo: "esa cosa que nadie puede definir", bueno, este universo en primer término.

Pregunta: Le quería preguntar si para usted hay una identidad argentina, ¿qué es lo argentino?

Borges: Diría que es algo tan esencial que no puede definirse, pero creo que lo sentimos. Si yo digo argentino usted siente algo que no siente un italiano, por ejemplo. Yo creo que si lo definimos, lo diluimos en palabras, y, además, como lo sentimos y lo compartimos, no necesitamos una definición. Si lo definimos, lo empobrecemos.

Pregunta: Al margen de que le agrade o no, ¿usted se considera una persona popular? Y, en caso negativo, ¿cuál es la definición de lo popular para usted, y por qué se considera popular?

Borges: Desgraciadamente, soy popular, sí. La gente me saluda en la calle, me piden autógrafos, me dan la mano.

Pregunta: ¿Y su obra?

Borges: Hablar de mi obra es un error. ¿Mi obra, qué es? Un conjunto de fragmentos, citas, plagios —¿por qué no?—. Lo demás es una ilusión tipográfica, nada más, creada por la editorial Emecé. Yo no tengo obra, obra es algo con principio, medio y fin, algo organizado. Yo apenas me he aventurado a escribir unas páginas, unas líneas, a eso yo no llamo una obra. Algo que sea una obra creada en la memoria de los lectores, entonces sí puede existir más allá de las páginas que la integran; que esa obra exista después de leída, después de olvidada, recordada otra vez. Para mí, no tengo una obra, yo no conozco mucho, para mí es una serie más o menos ordenada de fracasos, nada más.

Pregunta: Borges, ¿se puede planificar el estudio de la literatura en general, se pueden hacer programas para estudiar?

Borges: Es una actividad peligrosa pero necesaria. Es un mal necesario, yo diría. Y claro que podría hacerse: yo mismo lo he hecho. Yo he dado cuatro cuatrimestres de literatura argentina en los Estados Unidos, en Texas, en New England, en Michigan, en Indiana; y he enseñado exactamente cuarenta trimestres de literatura inglesa en la facultad, más que enseñado, he tratado de traducir el amor de esa literatura, o de parte de esa literatura, lo cual es mucho, sí. He preferido enseñarles a mis estudiantes no la literatura inglesa —que ignoro— pero sí el amor de ciertos autores, o, mejor aún, de ciertas páginas, o, mejor aún, de ciertas líneas. Y con eso basta, me parece. Uno se enamora de una línea, después de una página, después del autor; bueno, ¿por qué no? Es un hermoso proceso. Yo he tratado de llevar a mis estudiantes a eso. Ayer repetía yo que uno de los momentos más gratos de mi vida fue hace unos meses, cuando un desconocido me detuvo en la calle y me dijo: "Quiero darle las gracias, Borges." "¿Por qué?", le dije yo. "Bueno", me dijo, "usted me hizo conocer a Robert Louis Stevenson." Yo le dije: "En este momento me siento justificado por este encuentro con usted." Es raro que uno se sienta justificado; yo, por lo general, me siento injustificable, pero en ese momento, no; me sentí muy justificado. He sido un bienhechor, he regalado a alguien ese gran bien que es Stevenson; que se olvide lo demás.

Pregunta: Señor Borges, en un diálogo con Ernesto Sabato usted ha dicho...

Borges: Esos diálogos son obra de un señor que se llama Barone, ¿eh? En realidad el autor es él. Bueno, yo no sé qué he dicho en ese diálogo que es apócrifo. Ese diálogo es tal vez auténtico, digamos; sí.

Pregunta: Bueno, dígame si es auténtico o no lo es.

Borges: Yo no lo recuerdo: hace tanto tiempo, que pude haber dicho cualquier cosa.

Pregunta: Según Barone usted planteaba que imaginar un cuento es algo así como entrever una isla: que uno ve el principio y el final y no sabe bien cuál va a ser el camino que va a recorrer mientras se interna en el cuento...

Borges: Aquella vez utilicé también esa metáfora de la isla. Bueno, un recuerdo de Stevenson también: *La isla del tesoro*, evidentemente, del plano de la isla. Sí...

Pregunta: Bueno, y don Sabato decía que, en cambio, internarse en una novela era como...

Borges: Internarse en un túnel; sí, ya lo preveo.

Pregunta: Bueno, él decía que era más bien como un continente; uno también se internaba pero iba a tener que atravesar selvas, pantanos...

Borges: Bueno, él tiene más suerte que yo: a mí me tocan islas, a él continentes.

Pregunta: A eso iba mi pregunta: ¿por qué Jorge Luis Borges nunca se metió en continentes? ¿Por qué no la novela?

Borges: Porque si no soy lector de novelas no puedo ser autor de novelas. Yo he leído a Conrad, he leído a Dickens, he leído el *Quijote*, he leído Tolstoi, Dostoievski, y pare de contar, yo creo. He sido derrotado por otras novelas. Había leído muchos cuentos, sigo releyendo —¿por qué no confesarlo?—, sigo releyendo *Las mil y una noches*, por ejemplo, libro inagotable y espléndido que ciertamente no es una novela sino sueños adentro de sueños, juegos de espejos. No he escrito novelas porque casi no he leído novelas, y escribo cuentos porque me he pasado mi vida leyendo cuentos; y soñando, y los sueños se parecen más a los cuentos que a las novelas. El cuento fantástico.

Pregunta: Recién acaba de mencionar los juegos de espejos. ¿Qué atractivos ve en ellos?

Borges: No sé qué atractivo; más bien una suerte de temor mágico de los espejos. Son raros los espejos. Yo me he acostumbrado a ellos después de un largo tiempo. Yo recuerdo aquel admirable cuento de Poe, en el que hay un hombre en la Antártida y que ve un espejo y se desmaya horrorizado. Y un artículo de Poe sobre cómo debe guardarse una habitación, y dice que los espejos deben estar colgados a tal altura que una persona sentada no se vea reflejada en ellos. Eso quiere decir que él sentía también terror de los espejos, ¿si no por qué agregó eso? Esa pequeña circunstancia que él no explica pero que indica su temor de los espejos, sí. La verdad es que hay algo muy raro alrededor de los espejos. Quizá la frase *alter ego*, ese otro yo que se atribuye a Pitágoras —yo no sé griego así que la cito en latín—, sin duda tiene que provenir de la reflexión de él, no sé si en el agua o en un espejo de bronce; en todo caso, de un espejo. El otro yo, la idea del doble, corresponde al espejo, que nos muestra nuestro doble continuamente. Pero no sé por qué el espejo ha ejercido fascinación sobre mí y no sobre otros, yo diría que sobre todos los hombres debería ejercerla. Eso quiere decir que cada hombre es sensible a ciertas cosas y a pocas cosas. A mí me ha tocado ser sensible a los espejos, a los laberintos, a los tigres, a las armas blancas; todos ustedes ya conocen mi pequeño catálogo de memoria, pero realmente, uno debería ser sensible a todas las cosas, sí.

Pregunta: Borges, usted que ha venido esta tarde y siempre ha alabado tanto la amistad y la discreción en la amistad; a veces pienso: ¿cómo se siente con sus personajes?

Borges: No tengo personajes, yo no creé un solo personaje; yo no soy Dickens, yo no soy Balzac; yo no creo personajes. No hay personajes en mi obra. Obra, entre comillas.

Pregunta: ¿Y Emma Zunz qué es? ¿Una situación solamente?

Borges: "Emma Zunz" es un argumento que me dio Cecilia Ingenieros y que yo escribí, bueno, en homenaje a ella. Pero a mí no me gusta ese cuento, es un cuento bastante desagradable, yo creo.

Pregunta: Borges, una vez leyendo una biografía de San Francisco de Asís leí que cuando San Francisco se estaba por morir se quedó ciego; y descubrió un aspecto de Dios que nunca había visto.

Borges: Yo no he visto ningún aspecto de Dios. Ya sé que para él sí, desde luego.

Pregunta: Le quería preguntar cómo había vivido ese proceso; si había descubierto algo nuevo.

Borges: No, ese proceso fue tan lento que ya se ha diluido en el tiempo como un momento patético, me he acostumbrado a él. Bueno, uno se acostumbra a todo; a ser fulano de tal, a vivir, uno se acostumbra a todo. También a la ceguera, que no es tan patético como se supone. Es una manera de soledad pero al mismo tiempo lo obliga a uno, no sé si a la meditación, pero sí a soñar, a extraer sus memorias, a ensayar —en mi caso— formas literarias. Nada más. Pero no es tan terrible. La ceguera brusca sí, debe ser terrible, pero la lenta ceguera diluida no es tan terrible. Ahora estoy en el centro de una neblina luminosa, vaporosa, grisácea, no veo formas, siempre esa vaga claridad que me rodea, pero no es tan terrible tampoco. En tinieblas podría ser terrible, pero en esta claridad no, es insípida.

Pregunta: Yo no lo preguntaba como algo terrible, por ahí era el descubrimiento de las cosas desde otro punto de vista.

Borges: Bueno, usted tiene ese sentido místico del que yo carezco.

Pregunta: Señor Borges, si reproduzco fielmente sus palabras creo recordar que usted dijo que el sueño es la actividad más antigua y estética del alma. ¿Podría explicarlo?

Borges: Ya ha sido explicado por muchos poetas, por ejemplo Wordsworth, Stevenson y algún poeta latino también. Cuando soñamos armamos ese pequeño teatro y, como alguien advirtió en el siglo XVIII, somos ese teatro, somos el autor, somos la tragedia o la comedia, somos los espectadores, somos el texto; todo eso, bueno, es una actividad estética. Y eso se da, parece, no sólo en los hombres sino en los animales, que sueñan también; como vendría a ser el arte más antiguo, el de los sueños, y un arte bastante complicado ya que se parece tanto al arte del teatro, creo que eso no requiere mayor explicación. Eso no puede refutarse, eso de "cada noche somos autores, y directores del espectáculo..."

Pregunta: ¿En alguna oportunidad el representar a la vida en la literatura lo alejó de vivir la vida misma?

Borges: No, porque el representar la vida es una actividad vital también. Todas son formas de vida, entre ellas la más vívida quizá es vivir y leer. Sobre todo leer; bueno, de eso supo mucho don Alonso Quijano: se convirtió en don Quijote a fuerza de lecturas; sus libros fueron lo más importante de su vida, tanto es así que no tuvo infancia que sepamos, su vida empieza en su biblioteca a los '50 años leyendo libros de caballerías, y lo que le ocurrió después fue una consecuencia de la lectura, sí. No, yo no me siento pobre por haber sido lector o escritor, ¿por qué? Son formas, modos de vivir como cualquier otro, como los hombres de acción también; tampoco los desprecio. Bueno, cada uno tiene su destino.

Pregunta: Un escritor de esta ciudad, Ricardo Piglia...

Borges: Lo he conocido días pasados; veo que su historia no es apócrifa.

Pregunta: Hablaba él desde cierta perspectiva de la relación entre literatura y saber; y decía que en cuanto a él, quizás en general, los escritores de ficciones escribían en la medida de que buscaban saber qué es la literatura. Como si no se supiera qué es la literatura, porque si en definitiva se supiera, se dejaría de escribir. ¿Qué le parece?

Borges: Eso me parece más ingenioso que convincente, más asombroso que convincente, mejor dicho. No puedo contestar lo que usted dice porque no acabo de entenderlo. Y usted tampoco lo entendió, me parece.

Pregunta: Señor Borges, usted en una oportunidad dijo que un libro se debía leer luego de 50 años aproximadamente...

Borges: No, yo no he dicho eso. Schopenhauer dijo que no hay que leer ningún libro que no haya cumplido cien años: antes no sabemos si es bueno o no. Pero si un libro ha cumplido cien años, en fin, algo hay en él; de lo contemporáneo no sabemos, no podemos juzgar lo contemporáneo todavía, pero si un libro nos llega al cabo de cien años, alguna virtud tendrá. En cambio, lo contemporáneo puede llegarnos inmediatamente sin ningún mérito. Es una cuestión de sentido común, nada más. Quiere decir que debemos leer a los clásicos. Y por qué no hacerlo, por qué oscurecer nuestra vida privándola de Virgilio, por ejemplo... sería tristísimo.

Pregunta: Borges, ¿la literatura es su esposa o su amante?

Borges: Yo soy un hombre victoriano y puritano. Mi esposa, digamos.

Pregunta: Shaw en uno de sus largos prólogos escribió que para un escritor son más importantes las ideas que la escritura en sí; él dijo que Shakespeare había llegado a tener grandes imitadores, que lo habían imitado en lo formal casi perfectamente y aun lo habían superado, pero en lo que Shakespeare ganaba era en las ideas, y en eso era insuperable. ¿Qué opina usted de la relación entre escritura e ideas en la literatura?

Borges: La versión no parece de Bernard Shaw. Yo creí que él pensaba que las ideas las tenía él y no Shakespeare. No sé si podemos distinguir tanto entre la idea y la expresión de la idea, creo que son la misma cosa; salvo que la idea sea algo anterior a la expresión, abstracto. Yo creo que no, que no podemos distinguir entre el fondo y la forma. La forma es el fondo y no tenemos por qué apartarlos. Una obra puramente formal es inconcebible, y una idea sin expresión es un poco nebulosa.

Pregunta: ¿Por qué quitó el poema "El amenazado"?

Borges: Hay varias razones. Primero, me di cuenta de que era indiscreto; y ahora me doy cuenta de que era malo.

Pregunta: ¿Existe alguna relación entre el teatro del absurdo de Beckett o Ionesco...

Borges: Yo diría que casi todo el teatro es teatro del absurdo. No es necesario Beckett para eso; está Jacinto Benavente, que había llegado antes. Sí.

Pregunta: Quería saber si existe alguna relación entre ellos y Sartre, con el existencialismo, pensando en el absurdo de la vida.

Borges: Soy igualmente ignorante de Sartre y de Beckett.

Pregunta: Bueno, pero ayúdeme un poco, en todo caso.

Borges: No puedo ayudarle mediante dos autores que no he leído. Busque otros ejemplos. Yo vi dos piezas de Ionesco, y me parecieron realmente absurdas, pero lo absurdo no hay que buscarlo, uno lo encuentra siempre en cada esquina.

Pregunta: ¿Qué significa en su crecimiento literario el *Martín Fierro*?

Borges: *Martín Fierro* es un libro que yo he leído desde que era chico; sé páginas enteras de memoria, pero no sé si ha influido en mí literariamente.

Pregunta: ¿Piensa que es representativo?

Borges: Es representativo de uno de los tipos del gaucho, el matrero, el gaucho malo, como lo llamaba Sarmiento. En ese tiempo debe haber sido bastante raro, ya que ahora recordamos el nombre de otros matreros famosos, por ejemplo Hormiga Negra, Juan Moreira, Calandria, y otros más; ellos no pueden haber sido los generales. Y una prueba es ésta: *Martín Fierro* se publica en 1872; en ese año ocurre, si no me engaño, la batalla de San Carlos en que los indios son derrotados definitivamente. Eso quiere decir que no todos desertaron y no todos se pasaron a los indios, ya que se ganó esa batalla con gauchos que ciertamente no eran Martín Fierro. El caso de Martín Fierro es un caso patético pero que no puede expresar la suerte de todos los gauchos. Los desertores y matreros fueron pocos, los soldados de la partida fueron más siempre. En el mismo *Martín Fierro* son más.

Pregunta: ¿Por qué toma su cuento "El fin" una parte del *Martín Fierro*?

Borges: Porque creo no haber inventado nada; creo que ese fin que yo he dado es el que había imaginado Hernández. Salvo que Hernández, mucho más diestro que yo, lo hubiera dicho en verso y yo me vi reducido a la prosa. Pero creo que ese fin mío no es algo que yo he agregado, creo que es lo que da a entender el texto. Usted ve: Martín Fierro por primera vez rehúsa un desafío, Martín Fierro se aleja con sus hijos, Martín Fierro cambia de nombre; es evidente que luego va a la pulpería para enfrentarse con el Negro; y el Negro lo mata y se convierte en Martín Fierro, y seguimos así, sucesivamente. Si Martín Fierro lo mata al hermano del Negro no se resuelve nada. Es el fin sin duda previsto por Hernández, yo no he agregado nada, eso está en el texto.

Pregunta: Señor Borges, ¿qué significa para usted la obra de Kafka? ¿Tiene alguna preferencia entre sus cuentos y novelas?

Borges: Yo de antemano prefiero los cuentos a las novelas. En el caso de Kafka, él sin duda comprendió que ese tipo de cuentos requería un texto infinito, ya que, como lo señaló Carlos Mastronardi, sus cuentos vienen a ser una forma patética de las paradojas eleáticas: la idea de la postergación indefinida e infinita. Él se dio cuenta de que sus novelas hubieran debido tener principio pero no fin, como la carrera de Aquiles y la tortuga, o el tema de la flecha. En cambio, en los cuentos hay algo más que no se ajusta a ese mecanismo. El cuento de él que más me gusta es "La construcción de la muralla china". Ése es uno de sus mejores cuentos para mí.

Pregunta: Borges, ¿qué significó para usted Whitman?

Borges: Llegó a significar todo en algún momento. Yo lo descubrí hacia 1916 o 1917, curiosamente en una versión alemana, en una antología expresionista. Luego pensé qué absurdo estar leyendo a Whitman en alemán y encargué a Londres —yo estaba en Ginebra— un libro suyo que no he dejado de leer desde entonces: *Leaves of Grass*. Un libro tan generoso y que nos mejora a todos, que todos debemos agradecer infinitamente.

Muchas gracias.

ÍNDICE

Esta edición de 3.000 ejemplares
se terminó de imprimir en
Indugraf S. A.,
Sánchez de Loria 2251, Bs. As.,
en el mes de junio de 1999.